Werner Kurze

K11

Gedichte, Geschichten, Gedanken

Rediroma-Verlag

Bibliografische Information der Deutschen Nationalbibliothek:
Die Deutsche Nationalbibliothek verzeichnet diese Publikation in der Deutschen Nationalbibliografie; detaillierte bibliografische Daten sind im Internet über http://portal.dnb.de abrufbar.

ISBN 978-3-98527-394-2

www.rediroma-verlag.de
11,95 Euro (D)

Inhalt

Vorwort 11
ABC 12
Abschiedsbrief 13
Allein 14
Alte Liebe 15
Ameisen 17
Auf dem Marktplatz 18
Auf dem Friedhof 19
Bananen 20
Bei Frau Merkel 21
Beim König 22
Besuch der Rübimaus bei Frau Merkel 24
Bitte um Wärme 25
Blöde und Dumme 26
Blödsinn 27
Blumen 28
Das Leben 29
Das Nasobem 30
Das Neuste vom Nasobem 31
Der Baum 32
Der Besuch 33
Der Zahnarztbesuch 34
Die Bubberchen 36
DLRG-Sommerfest 37

Dr. Wonderman 38
Der Dippi-Strom 40
Die Rübimaus im Krankenhaus 42
Die Rübimaus muss zum Arzt 43
Die Rübimaus fliegt ins Ausland 45
Ein guter Koch. 47
Einsames Eck 48
Eisenbahn 49
Erinnerungslücken 50
Es kommt öfter anders, als man denkt. 51
Es schneit 53
Fast 54
Fliegengitter 55
Fliegen lernen 56
Fressen 57
Frühstück mit der Rübimaus 58
Furzen 59
Gasexplosion mit Großbrand 60
In Ludwigshafen, Oktober 2014 60
Gedanken 62
Gedanken über Gott 63
Geschwindigkeit 65
Glückliche Leute 66
Guten Morgen 67
Gott 68
Hallo Po 70

Hausmaus 71
Homunkulus 72
Homunkulus in der Nacht 73
Homunkulus 74
Immer viel Zwiwwel 76
Immer wieder Wunder 77
Im November 2021 79
Jetzt 80
Journalisten 81
Kaspertheater 83
König Brrr und seine zwei Töchter 84
Krieg 86
Krieg 87
Kuschelmaus 88
Lebensteile 89
Lebenswille 91
Lebenslust 92
Lesemaschine 93
Lesen 94
Leserbrief 95
Leere Seite 96
Würzburg im April 2022 97
Liebe Lummerländerinnen und speziell die beiden lieben Frauen Hoffmann und die liebe Frau Ganzosch, .. 98
Max und Moritz 101
Maschinengedicht 102

Mäusekrankenhaus 103
Medikament 104
Meine Wünsche 105
Mein Gehör 106
Meine Tabletten 107
Mein Glück 108
Mitteilung vom Werner 109
Morgens 110
Moinar liewen Thea zum 60. Geburtstag 111
Nachruf über meine Wohnung in Neuhofen
Wiesenstraße 17, in der ich von 1975 bis 2021 wohnte. 113
Nachtrag zum 40. Jubiläum 114
Nägel 115
Neihoffe 116
Neues vom Nasobem 117
Neuhöfer 118
Neujahr 119
Nina und Nena 120
Neues Leben 122
Nur Mut, lieber Nachbar 123
Osterhase 125
Pessimist und Optimist 126
Rätsel lösen 127
Regenspaziergang 129
Regierender 130
Sandkiste 132

Schmerzen 133
Schmerzgedanken 134
Schnee und Fußball 135
Schöne, junge Menschen 136
Schwimmen lernen 137
Seelenlosigkeit 138
Sportspiele 140
Sprüche 141
Sinnenabbau 145
Tabaletten 146
Tabaletten 147
Tempo 148
Tierfragen, Pflanzenfragen 149
Trinken 150
Ukraine 151
Umwelt 152
Unser Leben 153
Unser Schicksal 155
Unter Freunden 156
Urknall 157
Vegetarimaus 158
Vegetarismus 159
Vier kleine Rätsel 160
40 Jahre TSA 161
Vögel 162
Vollmacht 163

Weihnachtsmärchen vom Zoo 164
Weltraumkörper 166
Werner und ich 167
Witze 168
Wumm! 169
Wunder 170
Würzburg 171
Zahlen 172
Zecken 174
Zeckentod 175
Zum 60. Geburtstag von Werner Kurze mit Anleihen
von Wolfgang von Goethe 176
Danksagung 178

Vorwort

Ich bin mittlerweile ein alter Mann
und mach nur noch Weniges, was ich kann,
ab und zu ein kleines Gedicht.
Leider geht's und manchmal nicht.

Aber wichtig ist, ich kann noch lachen
und immer noch lustige Sachen machen.
Nur Schmerzen zeigen, dass Lachen schön ist.
Der Frohsinn ist des Lebens Amethyst.

Ihr Werner Kurze

ABC

Aqua Kadabra, **B C D E F G.**
H I J K schwimmt auf dem See.
L M N die kochen dazu Tee,
P Q R sind kompliziert, ohje!
Dann kommen noch **S T U V W.**
X Y Z, da fehlt was, herrje!
Zunächst mal gibt‘s noch **CH** und **SCH.**
Ä Ö Ü fehlen zum Tusch.
Ei Au Eu Äu ergänzen die Buchstaben.
Und wir wollen alle haben.
Das Gedicht endet mit **T Z** gemäß
von **A B C** bis ins Gesäß.

Abschiedsbrief

Ihr sehr lieben Freunde,
für mich ist der Moment gekommen,
n dem ich meinen lieben Wohnort verlasse
ich bin traurig um diesen Schritt.
Außerdem verliere ich den Kontakt mit
euch lieben Freunden.
Ihr habt mir jahrelang viel Freude gemacht
und dafür sage ich Euch allen ganz herzlichen Dank.
Ich hoffe, wenigstens eure Stimme
am Telefon wieder mal zu hören.
Lebt wohl und vergesst mich nicht.
Seid lieb gegrüßt und bleibt gesund!

Liebe Grüße

Euer Werner Kurze

Allein

Die Jungfrau Lusie war ungern allein.
Sie wäre gar zu gern zu zwein.
Da kam vom Lande der Cousin.
Man ahnt es schon. Da macht es peng.
Und keiner war mehr ganz allein,
Sie lebten glücklich bald zu drein.

Alte Liebe

Alte Liebe rostet nie.
Sie kann wieder entflammen wie nie!

Erst ist es nur Sympathie
und die vergisst man eben nie.

Dann können 50 Jahre vergehen,
aber die Erinnerung bleibt immer bestehen.

Die alte Liebe rostet nie.
Sie kann wieder entflammen, aber wie!

Alter

Alter ist noch lange kein Mist,
wenn du anpassungsfähig bist.
Alter ist nur dann ein Graus,
wenn du muffig bist,
dann bleib zu Haus.

Ameisen

Eine Ameise zur anderen: „Warum heißt du Ameise?“
„Ich arbeite am Eise!“
„Und was machst du da?“
„Ich lasse es rosten, mit Ameisensäure.“
„Und warum heißt du so?“
„Ich bin a Meise. Ich bin aus dem Chor geflogen,
weil meine Stimme so piepsig sei.“

Auf dem Marktplatz

Dienstags und freitags war Markttag auf dem Marktplatz. Über zehn Bauern waren jedes Mal da und boten alles Mögliche zum Essen und Fressen an. Und alle Mäuse in den Feldern und Kellern und Wohnungen kamen immer dahin, um sich alles, was sie gerne fraßen, einzusammeln. Da fielen so viele halbe Möhren oder Weintrauben herunter, dass man sie alle gar nicht auflesen konnte.

Und das Gute war wieder, keine Maus musste dafür etwas bezahlen.

Wenn man gut aufpasste, konnte man auch ein kleines Stück Käse erwischen oder ausgepuhlte Erdnusskerne. Die schmecken der Rübimaus besonders gut. Neulich hatte sie ein paar Erdnüsse mit Schale mitgenommen. Aber da hat die Mama hinterher furchtbar geschimpft über den ganzen Dreck vom Abfall in der Wohnung.

Sie hatte sich einen kleinen Beutel um den Kopf gehängt, in dem sie alles, was sie interessierte, heimtrug.

Ein bisschen gefährlich waren die vielen Menschen, die da überall herumspazierten. Am sichersten fühlten sie sich in der Regenwasserrinne. Da konnten die Menschenfüße ihr nicht schaden. Und wenn einer schrie: „Ach, da läuft ja eine kleine weiße Maus!“, da ist sie schnell weggerannt in ein Beet mit Blumen. Da fand sie niemand mehr.

Auf dem Friedhof

Warmer Wind zog in den Wald hin,
doch wir stecken in der Erde drin.
Jedes Leben ist einmal zu Ende.
Das weiß jeder Mensch hier im Gelände.
Wir alle hatten glückliche Stunden
und haben viel Schönes im Leben gefunden.
Aber irgendwann ist leider Schluss
und der schöne Wind gibt den letzten Kuss.

WK, Sa. vor der OP

Bananen

Bananen kauft man frisch mit gelber Farbe.
Frisch und ohne jede braune Narbe.
Doch die Hausfrau tut sie ins Kühlfach.
Dort muss sie warten auf den x-ten Tag.
Bis die Hausfrau sagt: „Die müssen weg!
Die Schale hat schon einen braunen Fleck!“
Doch unser Herrgott ist klug und weis;
denn fleckige Bananen sind innen noch weiß!
Doch die Banane lebt mit Gottes Segen:
Sie bleibt weiß wie gekochter Reis.

Bei Frau Merkel

Auch die Frau Merkel hatte von der lustigen Rübimaus gehört und wollte sie auch kennenlernen. Also schickte sie drei Männer auf das Feld, auf dem sie wohnte. Sie hatten einen schönen Käfig dabei. Der war ganz neu aus Edelstahl, aber nicht aus Gold. Na gut. Die Männer fanden den Wohnungseingang, über dem sehr schön geschrieben stand: RÜBIMAUS. Auch sie warteten und warteten. Aber plötzlich stand die Rübimaus vor ihnen.

„Du, Rübimaus, unsere Bundeskanzlerin, das ist die Frau Merkel, die möchte dich kennenlernen."

Eigentlich wollte die Rübimaus noch im Eck ein bisschen schlafen, aber dann sagte sie: „Gut, ich komme mit!"

Und so kam es, dass bald die Männer mit ihrem Käfig, in dem die Rübimaus saß, bei Frau Merkel eintreten wollten. Frau Merkel musste nur noch zwei Minister für Waldwirtschaft verabschieden. Dann war sie frei.

„Na, das ist ja ein ganz liebes, süßes, kleines Mäuschen", meinte sie und langte auch mit der Hand in den Käfig. Rübimaus ließ sich herausnehmen und blinzelte mit den Augen. Da musste Frau Merkel lachen. Aber unsere Rübimaus war wieder ganz schnell und lief am Arm der Frau Merkel auf den Kopf und dort hat sie sich ganz toll in ihren Haaren verwurschtelt. Und Frau Merkel schüttelte den Kopf und rief immerzu: „Huch, huch, buch, huch!"

Da kamen die drei Männer angerannt und wollten helfen, aber die Rübimaus war schon lange auf den Fußboden gefallen und lief davon. Ihr wisst schon, wohin? Na klar: nach Hause. Sie hatte sich den Weg gut gemerkt und kam bald heil und lustig bei Papa und Mama wieder an.

Beim König

Eines Tages hatte auch der König von der Rübimaus gehört, dass die so lustig sein sollte. Also sprach er: „Die möchte ich sehen! Holt sie mir her in mein Schloss!“

Und schon bald nach seinen Worten zogen drei kräftige Männer vom Schloss los, um die Rübimaus zu holen. Sie hatten einen wunderschönen, kleinen Käfig dabei. Der war ganz aus purem Gold!

Es dauerte nicht lange und die Männer standen an dem Rübenfeld, wo die Rübimaus wohnte. Es hatte ihnen ein Bauer gesagt, dass die Rübimaus ganz weiß aussah, aber meistens rote Ohren hatte. Also beugten sich die Männer zwischen die roten Rüben und entdeckten auch bald den Eingang zur Wohnung von der Rübimaus. Es stand groß drüber RÜBIMAUS. Sie warteten und warteten. Und dann guckte unsere liebe Rübimaus aus ihrem Hauseingang.

„Hör mal“, fing der eine Mann mit ihr zu reden an. „Der König möchte dich kennenlernen. Warst du schon mal beim König?“ – „Nein.“ – „Na, dann komm einfach mit uns mit. Wir haben für dich einen wunderschönen, goldenen Käfig dabei.“ – „Ehrlich? Zeigt mal!“ Und tatsächlich erblickte sie so eine Luxuswohnung zum ersten Mal. „Gut, ich komme mit“, sagte sie und machte es sich im Goldkäfig bequem.

Die Männer klopften beim König an: „Hallo, können wir hereinkommen und dir die Rübimaus bringen?“ – „Herein mit euch, ich will sie sehen! Aha. Du bist also die Rübimaus?“ – „Ja“, piepste sie ein bisschen ängstlich.

„Komm mal in meine Hand“, rief der König ihr zu und ergriff sie. Die Rübimaus war aber schnell und krabbelte flugs in seinen rechten, breiten Jackenärmel und wurschtelte sich nach oben, bis sie am Hals wieder herauskam.

„Hu, hu, hu, hu!“, rief lachend und erschrocken der König.

„Was war denn das? Das hat ja noch niemand mit mir gemacht!“

Die Rübimaus war schnell und kletterte auf der Jacke zum Fußboden und, schwupps, war sie zur Tür hinaus. Sie hatte sich den Weg gut gemerkt und war nach wenigen Minuten wieder daheim, Gott sei Dank.

Besuch der Rübimaus bei Frau Merkel

Ach ja, das wollte ich ja auch noch erzählen, dass die Rübimaus bei der Frau Merkel war. Aber die zwei Frauen haben ganz schön lange auf dem Feld rumgesucht bis sie den kleinen Eingang gefunden hatten. Und dann haben sie auch geklingelt. Dann kam aber die Rübimaus – Mama und hat gesagt, dass die Rübimaus im Zimmer zum Spielen mit Freundinnen ist und sie jetzt noch eine Weile warten müssten, bis das Spiel zu Ende ist. Dann kam sie endlich. Die beiden Frauen teilten mit, da sie die Frau Merkel auch kennenlernen wollte und sie hätten einen Käfig, ganz neu aus Edelstahl hergestellt, mit gebracht. Aber das war natürlich nichts gegen den Käfig aus Gold des König.

Aber wie sie zögerte, teilte die eine Frau mit, dass da auch ein kleiner Fernseher drin ist, „und der geht auch!"

Na, da war die Rübimaus schon eher interessiert und schwupps war sie vorm Fernseher!

Auch sie klopften an bei Frau Merkel: „Können wir die Rübimaus hereinbringen?"

„Ja, wo ist sie denn? – Aha, du bist also die Rübimaus mit ganz roten Ohren? – Ja! Komm mal runter zu mir. Ich will dir was zeigen!"

Und die Frau Merkel beugte sich tief zu ihr. Und was machte die Rübimaus? Die krabbelte ganz schnell durch ihre Haare, dass sie bloß noch immer schrie: „Huch! Huch! Huch! Ich bin ganz verwurschelt. – Ach du lieber Gott. Wer kämmt mir denn die wieder?"

Aber die Rübimaus war schon wieder zur Tür verschwunden! Den Fernseher hatte sie aber mitgenommen.

Bitte um Wärme

Ich mag keinen Winter und Kälte erst recht nicht.
Ich mag das Frühjahr, den Sommer und Herbst.
Fünfundzwanzig Grad, bis dass der Tod uns erwischt!
Von Geburt an, bis du dereinst mal stirbst.
Ich mag nur noch Wärme. Da fühl ich mich wohl,
und Wasser nur noch im warmen Pool.
Ich finde keine Stelle, wo man das beantragt.
Das sei nicht ihr Ressort, das hätt‘ keiner beantragt.
Auch Gott hat abgelehnt. Er kennt keine Stelle,
die mir hilft auf ne warme Welle.
Er wird mit Gospodin Putin mal reden.
Er verdient doch mehr Geld, wenn er Gas gibt jedem.
Dann könnten wir alle schön warm leben
und müsste niemand an Väterchen Frost was geben.
Mal sehen, er hat meine Bitte gelesen.
Da hilft nur Gott, als größtes Wesen.

Blöde und Dumme

Die Blöden hören nicht auf zu leben.
Es wird immer Dumme geben.
Auch diese müssen wir leider verkraften,
ob wohl wir in der Zeit Besseres schafften.
Das Leben ist so konstruiert.
Doch gibt's einen Weg, der immer ins Reine führt.
Er ist schwer und hat viel Belastungsgewicht
Wir müssen da durch, ob's uns gefällt oder nicht.

Blödsinn

Ich frage mich manchmal, warum Blödsinn die Menschen meistens fröhlich macht. Auf der einen Seite weiß man, dass ein kleiner Blödsinn oder Spaß nicht ernst gemeint ist, aber auf der anderen Seite lacht man trotzdem. Was kann man daraus lernen? Wenn Blödsinn die Menschen entspannt und Freude macht, dann gibt es nur eine Schlussfolgerung: Es lebe der Blödsinn, weil er uns Freude macht!

Blumen

Beim Anblick von wunderschönen Blumen,
da füllt sich mein Herz mit vollem Volumen.
Ich bin sehr glücklich. Ich darf es sehen.
Solche Bilder sollten nie vergehen.

Das Leben

Das Leben lebt. Manches ist klug, manches läuft dumm.
Der Kluge ist fröhlich, manch Dummer kommt um.
Mach's klug und fleißig – dann hast du viel Freude.
Und mit bisschen Glück begegnet es dir heute.
Doch auch Glück und Pech machen dich froh.
Mit etwas Erfolg macht's Leben schön sowieso.

Das Nasobem

Das Nasobem, ein Wundertier,
das lebt seit kurzem hier bei mir.
Es ist schwanger und ich bin gespannt,
wie wird das Kind von ihm benannt?
Nasobemus, Nasobee?
Ich freu mich auf Kuchen und Kaffee.

Das Neuste vom Nasobem

Das Nasobem wollte sein Ansehen heben
und seinen alten Namen abgeben.
Gefragt: „Wie willst Du heißen?“ – „Max!“"
wird abgelehnt: „Du bist‘n Dachs,
„Ne ganz besondere Art“, sagt‘s Amt.
Er bleibt das Nasobem. Verdammt!

Auf seinen Nasen schreitet‘s seitdem
(wie Morgenstern schon sagt) bequem,
allein durch die Welt, immer weiter
und ist mal traurig und mal heiter.

Der Baum

Einst stand auf einer Wiese ein einzelner Baum.
Der war noch so klein, man sah ihn kaum.
Nach einem Jahr war er einen Meter hoch
und freute sich, wenn die Sonne ihn zog.
Nach zehn Jahren hatte er Blüten und Samen
und freute sich, wenn Kinder zu ihm kamen.
Nach 20 Jahren war es ein kleiner Hain,
ein Miniwäldchen, schön und fein.
Nach 50 Jahren, man glaubt es kaum,
war ein Wäldchen entstanden aus einem Baum.

Und was machen die Menschen in dieser Zeit?
Zehn Interessenten haben deswegen Streit,
wem das Wäldchen wohl gehört.
Doch ich sitz oft allein völlig unbetört
inmitten der schönen, grünen Pracht
und freu mich, wenn die Sonne lacht.

Der Besuch

Zu Besuch sind's diesmal vier,
und wir zwei sind auch noch hier.
Zusammen sind wir also sechs.
Das ist kein gar zu kleiner Klecks.

Jedoch bekommt ein jeder nur ein Sechstel.
Das ist so klein wie ein Verhextel.
Ich zieh stramm mir meine Hosen,
ich will vom Sechstel nur die großen!

Der Zahnarztbesuch

Einst gab es einen bedauernswerten Patienten, der eine fast unglaubliche Zahnbehandlung erlebte.

Ich weiß das so genau, weil ich der Patient selbst war.

Ich hatte allmählich steigende Schmerzen an den oberen Zähnen und suchte einen Zahnarzt auf. Das Erste, was ich ihm mitteilte, war, dass ich sehr schmerzempfindlich sei, und deshalb bat ich darum, beim Betäubungsmittel nicht zu sparen. Er entschied sich, das Geschwür zu öffnen, um den Druck aus dem Gebilde zu entfernen. Das ging alles glatt und war auszuhalten. Nach Ausspülen des Eiters entließ er mich mit dem bedeutungsvollen Satz: „Aber die Frage, wo das Geschwür herkommt müssen wir noch klären!"

Nach Besserung war ich wieder Gast bei einem jüngeren Nachfolger. Der röntge mit einem modernen Gerät den ganzen Oberkiefer und kam zu dem für mich doch etwas überraschenden Schluss, dass alle Zähne des Oberkiefers behandelt werden sollten. Er schrieb einen Antrag an meine Ersatzkasse wegen der Mitbezahlung. Eine Behandlung musste auf die Antwort warten. Die Antwort der Kasse war kein Ja, sondern die Aufforderung zum Besuch eines Gutachters. Also fuhr mich meine Lebenskameradin zu ihm hin. Nach ausgiebiger Untersuchung, aber keiner Behandlung, schickte er uns kommentarlos nach Hause. Ein paar Tage später erläuterte uns der Zahnarzt die Kassenstellungsnahme. Der Antrag war abgelehnt und mit einigen Korrekturvorschlägen versehen. Unser Zahnarzt folgte den Änderungsvorschlägen und teilte einen geänderten Antrag mit. Nach kurzer Arbeit schickte uns der Zahnarzt zu einem Spezialisten zur Beurteilung einer von ihm festgestellten Zyste. Also fuhr mich meine Begleiterin zu diesem Herrn, nachdem aber erst wieder ein Termin fixiert und eingehalten wurde. Dieser Arzt war sehr nett und hörte sich meine Situation geduldig an, wobei ich ihm mitteilte, dass ich bereits links unten drei Zähne gezogen bekommen hatte, weil ich mir dort Implantate vorgestellt hatte. Dieser Mann brachte nun meine ganze Planung der Mundsanierung zum Einsturz. Er wies mich auf die umfangreichen Schmerzen der geplanten Arbeiten hin und empfahl keine Implantate für mich in meinem gesundheitlichen Zustand und fortgeschrittenem Alter. Er plädierte für ein Gebiss. Schweren Herzens war ich einverstanden und zog nun wieder zu unserem Zahnarzt. Der schrieb sofort an meine Ersatzkasse einen neuen Antrag und die Arbeiten in meinem Mund ruhten.

Zwischendurch hatte er mir ein Provisorium über drei Zähne gebaut, weil er eine Woche Urlaub machte. Das ging aber schon übers Wochenende zu Bruch.

Naiverweise glaubten meine Partnerin und ich, dass die hiesige Zahnklinik das reparieren könnte. Wir irrten uns. Weil ein Stück Zahn abgebrochen war und Ersatz fehlte, könne man so etwas als Notfall nicht reparieren. Also fuhren wir mit Bruch und Dulles wieder heim.

Ach so, und der Leser will nun erfahren, wie alles endet. Noch gar nicht! Wir erwarten nun die neue Stellungnahme der Kasse.

Hoffentlich kommt sie vor dem Jüngsten Gericht.

Die Bubberchen

Das sind meine Bubberchen.
Die machen keine Hubberchen.
Die sind lieb und machen mich froh.
Die mögen auch mich. Ich liebe sie so.

DLRG-Sommerfest

Bei der DLRG ist‘s immer wunderschön.
Da kann man immer ins Wasser sehen.
Im Sommer geht baden noch für umme.
Im Hallenbad baden nur Reiche und Dumme.

Die meisten Kinder lachen dort bloß
und deswegen ist es immer famos.
Aber im Wasser musst du gut schwimmen,
sonst wird sich der Trainer ergrimmen.

Dr. Wonderman

Ich lag zur Erholung in einem Heim. Im Laufe eines Tages ergeben sich immer wieder kleine Fragen, die aber oft nicht oder nur schlecht lösbar sind. Als Beispiel wollte ich morgens ein Joghurt, das ging aber nach einer Woche immer noch nicht. Aber gestern Abend war der Wonderman bei mir. Er war groß, jung und hübsch. Und der sagte kein Wort. Er kann alles und macht es alles sofort. Im Nu hatte ich zwei Flaschen Wasser anstelle sonst nur einer. Mein Stuhl, er hielt in Null Komma nix, ein Kissen und die Lehne auch. Aber das Unglaubliche passierte dann. Ich fragte nach, ob jemand meine Hörgeräte zum Akustiker mitnehmen könne, weil ich zunehmend schlechter damit höre. Er machte das Ladegerät auf, wie gesagt, wortlos, verschwand mit den Hörgeräten, tunkte sie ins Wasser, mir blieb der Atem weg, weil ich dachte, sie sind im Eimer, und nach wenigen Minuten steckt er sie wieder in die Ohren. Und? Sie gingen besser. Zwei Augenpaare strahlten sich an. Für mich ist der Mann der Größte. Wer so was kann!

Und fünf Minuten später verschwand er wortlos im Gang, mein Wonderman.

Die Bäume

An einem Weg standen fünf Bäume.

Zuerst scheint die Sonne, da strecken sie alle ihre Äste weit auseinander und fühlen sich richtig wohl.

Danach regnet es. Da saugen sie mit den Wurzeln viel Wasser auf, denn das brauchen sie zum Wachsen und zum Leben.

Dann kommt ein Sturm. Der bewegt sie hin und her. Aber sie geben sich gegenseitig Schutz, damit ihnen nichts passiert.

Ein Baum war ein bisschen hochnäsig. Der in der Mitte wollte immer größer sein als die anderen.
Er streckte sich besonders hoch hinaus und wuchs viel höher als die anderen.
Eines Tages kam aber wieder ein ganz schlimmer Sturm.
Der sauste in den Wipfeln der Bäume ganz toll. Sie mussten sich richtig verbiegen, um nicht abzuknicken.
Und da passierte es: Der große Baum in der Mitte wurde so vom Sturm erfasst, dass er zerbrach!
Nun war er ganz kaputt und traurig.
Hätte er sich nicht so weit herausgereckt, wäre er vielleicht nicht kaputtgegangen.

Das kann man auch mit Kindern spielen. Es gibt dann Bäume, Sonne, Regen und Wind. Das Kind, das den Mittelbaum darstellt, beugt sich beim starken Sturm dann mit einem Knacks nach unten.

Werner Kurze, Neuhofen, 28.06.2010

Der Dippi-Strom

Also, die Mäuse haben schon lange Stromleitungen in den Wohnungen. Der erste elektrische Strom wurde in einem Wasserfall in den Bergen gewonnen. Da drehte sich ein Rad im Wasser und in einer kleinen Maschine wurde daraus Strom erzeugt. Und weil das Wasserrad von alleine lief, kostete der Strom auch nichts. Mäuse brauchen kein Geld, weil sie für nichts Geld bezahlen müssen. Was sie essen wollen, können sie sich nehmen, ganz einfach!

Zum Heizen brauchen sie keinen Strom. Wenn es ihnen zu kalt in der Wohnung wird, müssen sie ein Stückchen tiefer die Gänge neu anlegen und schon ist es wieder warm.

Sie müssen nur so tief liegen, dass die Bauern beim Pflügen sie nicht zerstören können.

Die neuere Stromquelle ist das Sonnenlicht. Das haben sie den Menschen abgeguckt, wie man aus Licht Strom machen kann. Das ist der Dippi-Strom. Dipp-dipp, auf den Schalter und schon brennt Licht.

Ja, und das Mäuserettungsfahrzeug ist natürlich ein elektrisches Auto, was mit kleinen Akkus fährt. Das macht auch nicht soviel Krach und passt wunderbar in die Furchen auf den Feldern.

Ach so, ich habe noch vergessen, euch zu erzählen, wie der Strom nun in die Wohnungen kommt. Das wird mit ganz dünnen Kupferkabeln gemacht. Und wo kommen die her? Die besorgen die Elektromäuse aus alten Kabelresten, die sie in Elektromüllplätzen von den Menschen sammeln. Unter jeder modernen Mäusewohnung liegt ganz tief unten ein dünnes Kupferkabel. Damit wird jede Mäusewohnung elektrifiziert.

Ach, und das wollte ich euch auch noch erzählen. Das Krankenauto haben die Elektromäuse auf dem Elektromüllplatz der Menschen gefunden. Das war ein Kinderspielzeug.

Und weil es kaputt war, haben es die Elektromäuse repariert und nun kann es wunderbar in den Feldrillen fahren und kranke Mäuse retten.

Die Rübimaus im Krankenhaus

Die Rübimaus war ein süßes, kleines Mäuschen, was meistens seinen Eltern gut folgte. Und weil es keine Mäuseschule gab, musste sie das auch tun. Aber ab und zu rannte sie und sprang wie verrückt in der Gegend herum, dass sie auch mal ausgeschimpft wurde. Und eines Tages passierte das Unglück, als sie übermütig von den großen, roten Rüben heruntersprang. Sie fiel hin und brach sich den rechten Vorderfuß. Sie schrie auf und hatte große Schmerzen. Die Mama war zuerst da und ahnte schon, dass der Knochen gebrochen war. Ach, du lieber Gott, was nun? Sie blieb bei der kleinen Rübimaus und streichelte sie ganz zart. Das tut zwar gut, aber der Schmerz blieb trotzdem vorhanden. Es dauerte nur ein paar Minuten und das ganze Rübenfeld war informiert, was passiert war. Und was soll ich sagen, mit Tatühtatah kam der Mäusekrankenwagen. Und auch der hatte sogar sein Blaulicht an.

Vorsichtig trugen Rettungsmäuse die verletzte Rübimaus auf eine Trage und fuhren sofort ins Mäusekrankenhaus. Wer hätte das gedacht, dass es so was alles gibt. Und sogar ein klitzekleines Röntgengerät hatten sie auch. Tatsächlich war das Bein gebrochen. Es wurde in einen Gipsverband gelegt. Die Schmerzen konnte die Rübimaus jetzt ganz gut aushalten, denn sie bekam kleine Tabletten zum Schlucken, die die Schmerzen weg betäubten.

Danach wurden sie wieder mit dem Krankenhausauto nach Hause gefahren. Aber das Krabbeln durch die Wohnung, oh je! Da tat wieder alles weh! Wie gut, dass die Mama da war. Jetzt musste die Rübimaus erst mal ein paar Tage ins Bett zum Schlafen.

Die Rübimaus muss zum Arzt

„So“, sagte eines Tages die Mutter zur Rübimaus, „heute gehen wir beide zum Rübimaus-Doktor.“

Und weil sie noch niemals da war, fragte sie ein bisschen erschrocken: „Was macht der mit mir?“

„Du brauchst keine Angst zu haben“, entgegnete ihr die Mama. „Der will nur kontrollieren, ob du gut sehen kannst.“

Und darauf hatte die Rübimaus auch keine Angst mehr. Mama krabbelte voraus über den kleinen Berg zum Bach hin. „Wir müssen auf die andere Seite hinüber schwimmen. Aber ich weiß ja, dass du schwimmen kannst!“

Mama kannte eine Stelle, wo der Bach nicht tief war und schmal war er auch noch. Also ging es ruck-zuck und drüben waren sie beide. Nach ein paar Metern waren sie schon wieder trocken und standen vor der Arztwohnung, an der ein Schild ankündigte: „Dr. Maus“.

Sie mussten ein paar Minuten im Wartezimmer warten. Dann kam der Dr. Maus. Er hatte eine Brille auf. So etwas hatte die Rübimaus noch nie gesehen. Das beeindruckte sie sehr.

„Na wie geht es dir denn?“, waren seine ersten Worte.

„Gut“, war ihre Antwort.

Dann kam er ganz nah zu ihr und schaute ihr in die Augen. „Ja, ja, das sieht ganz gut aus!“, murmelte er vor sich hin. Dann musste die Rübimaus lauter lustige Herzen erkennen, normal große und auch ganz kleine.

☺ ☹ ☺

Und dann wollte die Rübimaus von ihm hören, warum sie immer rote Ohren bekam, wenn die Mama viele rote Rüben zum Fressen verteilt hatte.

„Tja“, erklärte der Doktor, „das ist so, dass nur ganz liebe

Mäusekinder die Ohrenfarbe ändern können: Rot bei viel roten Rüben, Grün bei viel Spinat und Gelb bei viel Erbsen oder Mais. Aber das tut ja nicht weh und ist normal. Also tschüß bis zum nächsten Besuch!“

Auf dem Weg nach Hause trafen sie Nachbarn und die Rübimaus gab mächtig an: „Ich war sogar schon beim Arzt und der war sehr zufrieden mit mir. Ätsch!“

Die Rübimaus fliegt ins Ausland

Eines Tages, da war die Rübimaus schon ein bisschen älter, krabbelte sie zwischen Wohnhäusern herum. Und als der Herr Sommer in sein Haus trat, huschte die Rübimaus am unteren Fußbodenrand mit in seine Wohnung rein. Ach, das war ja so interessant, was es da alles zu sehen gab! Nach einer Weile kam sie an einen offenen Koffer, der auf einem Stuhl lag. Da waren Strümpfe, Hosen und ein schöner roter Pullover drin. In dem konnte man richtig gemütlich herumkriechen. Aber jetzt passt auf! Da ging es plötzlich KLAPP und der Kofferdeckel flog zu. Herr Sommer hatte den Koffer verschlossen und fuhr mit einer Taxe und mit dem Koffer zum Stadtflughafen. Das wusste die Rübimaus aber nicht. Sie hielt ganz still im roten Pullover aus. Ohne irgendetwas zu machen, flog sie mit Herrn Sommer mit! Nach ein paar Stunden war die Luft schon ganz schön verbraucht, aber weil eine Maus nicht so viel Luft wie Menschen braucht, konnte sie es gerade noch aushalten. Puh, aber es war gut, dass sie wieder gut atmen konnte. Und husch, husch, war sie unter dem Bett von Herrn Sommer verschwunden. Dann kam eine Frauenstimme: „Hello, Mister Sommer?“

Was war denn das? Die redete ganz anders als bisher alle Menschen. Das war kein Deutsch! Das war eine andere Sprache, die die Rübimaus noch nicht gehört hatte. Jetzt hatte sie richtig ein bisschen Angst. Vorsichtshalber blieb sie immer in Herrn Sommers Zimmer. Wenn sie Hunger hatte, holte sie sich bei ihm Kekse aus der Tasche und Wasser war im Blumen … der Vase zum Trinken. Und abends ging sie immer im roten Pullover schlafen.

Nach zwei Tagen flog Herr Sommer zurück. Was er nicht wusste, war, dass in seinem Koffer wieder die Rübimaus versteckt war. Seiner Frau erzählte er, dass alles in Ordnung sei, aber er wisse nicht, wie der Mäusedreck in seinen Pullover gekommen sei. Aber wir wissen es: Die Rübimaus hatte dort Aa gemacht.

Ein guter Koch.

Einst war bei Senioren ein guter Koch.
Den liebten die Alten gerne doch.
Die Qualität war gut, nicht nur die Masse.
Sein Essen schmeckte große Klasse.

Einsames Eck

Es muss noch etwas was andres geben,
als unter lauter Dummen zu leben!
Naiv und dumm, das regt mich auf.
Das treibt mich auf den Berg hinauf.

Ich hoffe auf ein Garten-Eck,
dort wart‘ ich aufs Glück zu diesem Zweck.
Da wär‘ ich mit ihr gern zu Zwei‘n
mit meiner Liebsten ganz allein.

Eisenbahn

Fahrt mal wieder Eisenbahn!
Dann werdet Ihr reich wie de Aga Khan.

Die Eisenbahn, die ist schon alt
und fuhr schon im Teutoburger Wald.

Nur wer viel mit Eisenbahn fährt,
wird an Geburtstagen immer verjährt.

Erinnerungslücken

Als junger Kerl konnte ich mir gar nicht vorstellen, dass man Wichtiges in seinem Leben vergessen könnte. Aber es gibt Sachen, die wichtig sind, und man kann sie doch vergessen.

Ich war schon über 80 Jahre alt und hatte einen schweren Unfall durch einen Treppensturz. Dabei hatte ich mir den linken Oberschenkel so blöd gebrochen, dass er zweimal operiert werden musste und er hinterließ mich mit einem Gehstock noch drei Jahre danach. In dieser Zeit hatte ich sehr unangenehmen Briefverkehr mit meiner Ersatzkasse, die den vielen Fahrten zu Ärzten und zu meiner Pflege dienten. Sie wollte sich vorm Bezahlen drücken.

Erst jetzt fiel uns wieder ein, dass ich eine gute private Versicherung dafür abgeschlossen hatte. Genau das hatte ich aber schlicht und einfach vergessen. Mein Gedächtnis hatte hier einfach versagt. Ich warte nun auf die Stellungnahme der Versicherung, die sich wegen zu langer Nichtnennung des Unfalls vielleicht auch vor hohen Hilfen drücken kann. Mal sehen! So kann meine Erinnerungslücke mir viel Geld kosten.

Es kommt öfter anders, als man denkt.

Ausgerechnet in der der Zeit, als ich zu meiner neuen Lebensgefährtin Ilse von Neuhofen (bei Ludwigshafen) nach Würzburg ziehen wollte, meldete sich ein nicht korrekt geheilter Oberschenkelbruch nachhaltig in meinem Gedächtnis zurück. Meine Wohnung, ein gut gefülltes Reihenhaus in Neuhofen, war schon ganz erheblich aus den Fugen gebracht worden und da nahmen meine Hüftschmerzen zu, sodass Ilse meinte, wir sollten in die „BG“, ein großes Krankenhaus in LU, fahren und mich röntgen lassen. Das Ergebnis passte so ganz und gar nicht in unseren Umzug: Man schlug mir eine zweiteilige Operation vor. Beim ersten Teil müsste ich sechs Wochen im Bett bleiben. Und Ilse müsste wohl den Umzug alleine oder auch noch mit meinem Sohn Thomas aus Frankfurt vollziehen. Ach du lieber Gott! Wie würden wir das erfolgreich hinter uns bringen?

Ilse und ich hatten uns wochenlang mit der Frage herumgequält, wer denn nun zum anderen zieht. Ich hatte schon aufgehört, mit dem Auto zu fahren. Aber wir mussten auch damit rechnen, dass sie nicht mehr die 200 km immer weiter mit dem PKW überbrücken konnte. Daher kamen wir zu dem Beschluss, zusammenzuziehen. Nachdem sie nicht zum Einzug bei mir bereit war, blieb mir die schöne Aufgabe, mich von meiner Wohnung zu lösen. Wir hatten gerade den Verkauf beim Notar dokumentiert und begonnen, ihren Wagen immer mit transportablem Kleinkram vollgeladen mit nach Würzburg zu nehmen. Hundert Sachen waren noch zu erledigen und nun ging gar nichts.

Kleine Pause: Neue Blutprobe vor OP genommen. Außerdem zweiter Umzug in die OP-Abteilung. Und Essen und Besuch gab es auch noch.

Und das Neuste von daheim? Der verabredete Abnehmer meines Bastelseglers nahm den halb fertigen Rumpf doch nicht. Ich kann es nicht mehr. Ich sehe so kleine, wichtige Details nicht mehr. Schade, denn die Teile haben rund 1.000 Euro gekostet. Und weiterhin wissen wir nicht mehr, mit meinen vielen Büchern wohin. Heute will niemand etwas dafür bezahlen. Und auch gebrauchte Möbel will niemand mehr haben.

Hier in der Klinik wird heute mein Nachbar operiert. Der spricht nur bayrisch aber so, dass ich ihn meistens nicht verstehe. Er hat gerade behauptet, wir wären verwandt. Also, anscheinend stimmt nicht mehr alles in seinem Gehirn. Die Schwestern haben viel mit ihm zu tun. Mit mir haben sie andere Probleme, weil wohl viele nicht wissen, was vegetarische Ernährung ist. Und laktosefrei ist auch für viele ein Fremdwort. Bloß gut, dass ich Laktose killende Tabletten dabeihabe. So komme ich lebend weiter.

Dann wollte die Anästhesieärztin den Bericht vom letzten Kardiologenbesuch haben. Wir finden ihn nicht in meinen Unterlagen. Ich wies darauf hin, dass dieser Arzt zu einer ganz nahegelegenen Praxis gehöre. Also wollte man den Bericht neu anfordern. Aber im Wohlstandsland Deutschland kann man am Mittwochnachmittag nicht mehr Medizinisches tun. Und weil das nicht ging, konnte am Donnerstag keiner operieren. Am Donnerstag wurde erst der Bericht beschafft und am Freitag dann die OP geplant. Mir ist ziemlich mulmig zumute, wenn ich höre, dass man den vermutlich lockeren Hüftkopf entfernen will. Ich wünsche den Ärzten und mir das Beste.

Es schneit

Es schneit und schneit und schneit immer weiter.
Ich seh das gern. Es macht mich heiter.
Ich beguck mir die Welt in aller Ruh
und decke mir wohlig die Beine noch zu.

Fast

Mein Freund hat eine Freundin, die küsst er gern,
sie vertragen sich sehr und sind wie verlobt, fast.
Er besucht sie gerne und wohnt bei ihr wie daheim, fast.
Sie kocht wunderbares Essen, das ihm gut schmeckt, fast.
Wenn so einer redet, sind sie bald verlobt, fast.

Wenn man aber die Übertreibung abzieht,
klingen die Sätze so:

Mein Freund hat eine Bekannte, die hat er geküsst.
Sie vertragen sich meistens gut und sind nicht verlobt.
Er besucht sie, sie kann Essen kochen und es schmeckt wie daheim, fast.

Fliegengitter

Fliegengitter, Fliegengitter!
Denkt die Fliege mit Gezitter.
Wie soll ich an Menschen kommen.
Alles wird einem hier genommen.

Doch oft stehen ja die Türen offen.
Da stürzen wir rein und wie besoffen
machen wir uns über alles her.
Da freuen sich alle Fliegen sehr.

Fliegen lernen

Eines Tags, man glaubt es kaum,
da klettert Rübimaus am Baum.
Aber nicht so'n dünner bloß,
auf einen großen legt sie los.

Schon hat sie dort den ersten Ast
zur Seite richtig gut erfasst.
Da meldet sich direkt daneben
ein Vöglein und will sich grad erheben.

Die Rübimaus find's fabelhaft,
dass sie's bis hierher hat's geschafft.
Da sagt die kleine Amsel frech
„Hab keine Angst und red kein Blech.

Du kannst mit mir nach unten fliegen,
was du mit Mühe hast erstiegen.
Du machst mit deinen Armen so
und fliegst dann los, fortissimo."

„Ja, wenn du meinst, ich lass mich fallen
und wackle mit Füßen und zwar mit allen!"
Ihr ahnt schon, dass sie abgestürzt.
Und hätt' ihr Leben fast verkürzt.

Mit „Aua!" und Schmerz lag sie im Dreck
und kam mit Mühe nur vom Fleck.
Erst muss man lernen, was geht, was nicht.
Sonst fliegt man frontal direkt aufs Gesicht.

Drei Pflaster hat sie nun am Kopf
und sitzt bei Mama brav am Topf.

Fressen

Im Winter lebt der Lebensquell,
ein bisschen langsamer an seiner Stell!
Die Vögel aber sind putzmunter
und fliegen rauf und wieder runter.

Der Hunger treibt sie ringsherum.
Doch fehlt der Bienen ihr Gebrumm.
Sie suchen Körner, Knospen oder Käfer,
wie Gras für Schafe jeder Schäfer.

Denn keiner hat den Spruch vergessen:
Wer lange sucht, der findet Fressen!

Frühstück mit der Rübimaus

Hallo, lieber Freund oder liebe Freundin! Weißt du überhaupt, wie ich immer frühstücke? Nein?

Also, zuerst holt immer die Mama eine Tasse aus dem Schrank. Die Tassen haben wir vom Tassen-Macher. Der zersägt eine Walnuss und knabbert die Hälften so geschickt aus, dass eine Tasse übrigbleibt. Das kannst du auch machen. Am Ende musst du sie nur mit Wasser spülen und schon ist sie fertig. Du wirst staunen, wie gut daraus der Kaffee schmeckt. Du weißt ja, dass die Rübimäuse kein Geld haben. Also bringen sie dem Tassen-Macher etwas Gutes zum Essen mit: Käse, Weintrauben oder Marmelade. Dann schüttet die Mama die Tasse voll Kaffee mit Milch und Süßstoff. Das schmeckt schon mal super.

Dann gibt es noch Brot dazu, das wir von einem Bäcker haben. Das sind so abgerissene Stücke von einem Brot, aus dem die Mama kleine Scheiben schneidet.

Und der Süßstoff kommt aus einer Erfindung meiner Mama; Sie besorgt sich manchmal eine Zuckerrübe. Die schneidet sie in kleine Stücke und kocht sie in Wasser. Nun kommt ihre Erfindung. Die gekochten Stücke quetscht sie zwischen zwei Ästen aus und fängt den braunen Saft auf. Der schmeckt supersüß. Butter haben wir keine. Mama sagt immer, die macht bloß dick. Also tunken wir unser Brot in die Marmelade ein oder kleckern etwas auf's Brot. am liebsten mag ich Kirsch-, Himbeer-, oder Apfelsinenmarmelade.

Und Haribo-Bonbons haben wir auch nicht, aber Zuckerrüben-Schnitzel. Die schmecken wie Bonbons.

Furzen

Ein Furz ist das Allernormalste der Welt,
und das es mir niemand andres erzählt!
Wir essen Festes, Flüssigkeit und Luft
und letztere wird irgendwann verpufft.
Der Furz ist nicht schlecht, nur sein Ruf ist fatal.
Also seid freundlich und bleibt normal.
Schon Luther hatte einst unverzagt
seine Gäste daheim offen befragt:
„Warum rülpset und furzet ihr nicht?
Hat es euch nicht geschmecket?“

Gasexplosion mit Großbrand
In Ludwigshafen, Oktober 2014

Furchtbar ist's, wenn's kracht und brennt
und dann alles plötzlich rennt.
Kein Mensch weiß dann wirklich schnell,
was passiert ist aktuell.

Als erstes denkt man noch im Bann:
Rette sich wer kann! Rette sich wer kann!
Ist man gerettet, schaut man herum.
Kann ich helfen, hier rundum?

Später bei der Schadensbehebung
interessiert dann die Bestrebung:
Wer war eigentlich schuld an allem?
Lag es nur an den Metallen?
An den Menschen, was sie sagten?
An Leichtsinnigen oder Verzagten?

Wochen und Monate gehen ins Land.
Viel Zeit frisst immer der Rechtsaufwand.
Irgendwann kommt ein Verkünder
und benennt den armen Sünder.

Der hat's meistens nicht gewollt,
aber das Leben läuft und rollt.
Ist der Fehler erkannt und bewiesen,
nützt dem Betroff'nen kein Tränenvergießen.

Er wird bestraft nach unserem Recht.
Er bekommt Knast und er blecht.
Die Toten? Sind tot. Sie leben nicht mehr.
Die Kranken genesen, mal wenig, mal mehr.

Das Feuer war heiß. Das Wasser war nass.
Ich hoffe, technisch ändert sich was.
Unabhängig von Schuld sag ich unverhohlen:
So etwas darf sich nicht wiederholen!

Gedanken

Wer lebt, erlebt.
Wer nicht mehr lebt, erlebt nichts mehr, oder?
Ich sage nichts mehr.
Aber: Die Gedanken eines Menschen können
teilweise weiterleben, in anderen Menschen.
Da sage ich ja!

Gedanken über Gott

Gott ist überall, wie macht er das?
Ist er aus Luft?
Hat da irgendjemand ja gesagt?
Gott ist überirdisch. Wie im Vakuum?
Gott ist anders, als wir denken.
Das stimmt, denn unsere Gedanken sind oft falsch.
Wie hat Gott mit Christus gesprochen?
Hebräisch? Habe ich kein Ahnung.
Aber Gott existiert. Ich glaube an ihn
wie ein Kind an die Mama.
Es gibt eben Sachen,
die wir nicht ganz verstehen!
In den Naturwissenschaften ist fast
alles beweisbar. Und Gott?
Ist nicht beweisbar, aber glaubwürdig.
Damit müssen wir leben.

Und als Autor nehme ich mir jetzt mal die berühmte große dichterische Freiheit und schreibe etwas.

Plötzlich riss der Himmel auf und im hellen Licht sah ich Gott so, wie ich ihn mir am liebsten vorstelle: Als weißhaarigen, freundlichen Mann im Tuchkleid, der zu mir sagte:

„Und wo fehlt dir eine Erklärung? Ist es meine Allgegenwärtigkeit. Da schau: Unter mir ist die Welt mit allen Ländern.“ Und er wies unter sich auf den Erdball hin. „Es ist für mich kein Problem überall, mit wenigen Schritten hinzukommen, wo jemand nach mir ruft. Ich bin der gute Geist für alle Gläubigen und helfe ihnen zu leben. Auch solchen Menschen wie dir mit vielen Zweifeln.“

Und drauf schloss sich der Himmel wieder mit einem riesigen Rupps. Und er hat deutsch mit mir gesprochen, nicht hebräisch!

Übrigens, wussten Sie schon, was auf der Visitenkarte von Gott steht?
Gott – weil er doch sowieso überall ist, kein Ort.

Geschwindigkeit

Eine Schnecke lebt langsam. Das weiß jeder. Sie braucht für 1 km Strecke sicher Stunden. Ein Düsenjäger lebt schnell. Er huscht über 1000 km in einem schnellen Rutsch vorbei.

Was heißt das: Man kann schnell oder langsam leben. Es geht beides. Und ich bin sicher, dass sowohl die Schnecke als auch der Düsenpilot Schönes und Schlechtes erleben.

Und was bedeutet das: Es ist wurscht, wie schnell man lebt, beides hat Gutes und Schlechtes. Deshalb sage ich euch: Macht euch nicht verrückt mit dem Geschwindigkeitswahn. Es geht auch langsam, siehe glückliche Schnecke.

Glückliche Leute

Oh ha, oh ha, ich bleibe jetzt bei dir.
Oh ha, oh ha, ich gehe nicht weg, ich bleibe hier.
Oh ha, oh ha, ein wunderschöner Tag ist heute.
Oh ha, oh ha, und deshalb sind wir glückliche Leute.

WK 24.12.2019

Guten Morgen

„Guten Morgen“ zu sagen, wurde ich als Kind belehrt,
sei falsch und verboten und verkehrt.
„Heil Hitler“ heißt der neue Gruß.
Das musst du können, egal, wie abstrus.
Das war der Gruß für einen Massenmörder,
und die Menschen benutzten diese Wörter.
Millionen Tote hat Hitler verursacht.
Wie blöd sind die Menschen. Wer hätte das gedacht?!
Dass ein ganzes Volk solche Fehler macht.
Wir wollen nie mehr so einen Sieg,
und der Preis muss lauten, durch keinen Krieg!

Gott

Um es gleich im Anfang zu sagen: Was ich hier schreibe, ist als eigene Gedanken Gott zu begreifen. Sie haben nichts mit Gotteslästerung zu tun. Fangen wir mit der Frage an: Wie lange gibt es Gott? Er war schon vor der Erde auf der Welt, vielleicht schon zum Urknall. Damals gab es noch keine Menschen. Also kann er auch kaum wie ein Mensch aussehen. Und wo hat er gewohnt. Aus was ist er? Darauf komme ich später noch einmal zurück. Aber jemand muss doch den Urknall erzeugt haben. Es heißt, Gott schuf die Erde aus dem Nichts. Das kann ich mir als Naturwissenschaftler einfach nicht vorstellen. Irgendetwas muss da gewesen sein, um daraus Berge und Vulkane zu machen. Was war vor dem Urknall? Ich vermute andere Explosionen mit Landzeugungen. Gibt es noch heute Urknalle? Ich vermute ja, denn das Weltall ist so groß, dass wir sein Ende nicht kennen.

Aber irgendeine Supermacht wie Gott muss es gegeben haben. Denn wer hat der Materie die Massenanziehung beigebracht? Wer hat Eisen magnetisch gemacht? Von allein kann das nicht alles gehen. Irgendwer hat die Grundbefehle gegeben.

Gotteigenschaften: Irgendwann tauchen die Menschen in der Entwicklung auf. Und ich glaube, dass sie Gott in hohem Maße menschliche Eigenschaften zugedacht haben. Das können wir Menschen gut verstehen. Aber sicher sind wir dabei ein bisschen zu weit gegangen. Er muss nicht 200 Sprachen perfekt können und in Bildern trägt er auch noch menschliche Kleidung.

Wo hat Gott gewirkt? Ganz sicher bei der Weltentstehung. Aber auch bei anschießenden Naturgesetzen. Vielleicht hat er auch an der Menschentstehung vom Affen als Vorgänger seine Finger drin? Warum können Menschen trotz der vielen Fehler Hochhäuser bauen und im Weltraum herumfahren?

Andere Lebewesen können das nicht.

Der Mensch sollte das Abbild Gottes sein. Das ist er sicher nicht. Wir Menschen haben so viele schlechte Eigenschaften, dass es nach wie vor nicht ausgeschlossen ist, dass wir uns vor lauter Dummheit eines Tages noch selbst umbringen können.

Was ist Gott heute? Ich glaube, dass die Naturgesetze die göttliche Wahrheit und Vielfalt unseres Lebens ausmachen. Je besser wir uns diesen Naturgesetzen anpassen, desto besser leben wir.

Hallo Po

„Hallo Po, was drückst du da?“
„Ich mache Pub, tiralala.
Die ganze Luft aus meinem Haus,
die muss jetzt weit ins Freie raus.“
„Du weißt genau, sie darf nicht stinken!
Sonst würden alle Nachbarn winken!“
„Mein Abgas riecht nach keinen Funken.
Ich hab‘s perfekt bei mir entstunken!“

Hausmaus

Ich bin die Hausmaus Putzelein,
bin ganz sauber und kein Schwein.
Ich sag euch nicht genau wo,
mal wohn ich hie und auch mal do!

Ihr habt es warm, das mag ich gern.
Da erholen sich immer Geist und Gehern.
Die Bewohner machen mittags ein Schläferchen
und interessieren sich nicht für Maus und Käferchen

Wir fressen die ganze Küche leer,
und wenn's gut schmeckt, gefällt's uns sehr.
Ob Sommer oder Winter
wir zeugen dann auch gerne Kinder.

Homunkulus

Ich bin mir nicht ganz sicher, aber es könnte sein, dass es vor alter Zeit einen Homunkulus gab. Jedenfalls erinnere ich mich noch heute mühelos an Geschichten mit ihm. Es war ein unheimlich imponierendes Wesen mit dunkler Haut und größer als ein Mensch. Er konnte sprechen wie ein Mensch, hatte aber einen großen Leib und war mit irgendwelchen alten Kleidern angezogen. Er wohnte im Wald in einer Höhle, die von außen ziemlich zugewachsen war.

Immer wenn jemand etwas Neues von ihm erzählte, durchfuhr mich immer ein Gruseln und Hochachtung zugleich. Wir Kinder hatten immer Angst, wenn von ihm die Rede war.

Aber wenn jemand so anfing zu erzählen: „Homunkulus war wieder da", schwiegen alle und erwarteten eine neue Geschichte. Und ich muss auch heute noch zugeben, dass mich allein sein Name immer noch beeindruckt. Homunkulus klingt so dumpf und macht alle Menschen neugierig, was da nun Neues von ihm zu berichten sei.

Und wenn ihr wollt, dann erzähle ich noch mehr von ihm.

Homunkulus in der Nacht

Ich war noch klein. In der Schule besuchte ich die dritte Klasse. Wir wohnten am Waldrand und hatten einen großen Garten. Eines Abends war ich noch im Garten und hatte eben Kohlrabi gesät. Wie auch immer, ich kam auf die Idee, ein Stück auf dem Waldweg ins Innere des Waldes zu gehen. Aber wegen beginnender Dunkelheit konnte ich nicht mehr meine Umgebung genau sehen. Damals gab es auch nicht so viele elektrische Lampen wie heute.

Plötzlich stand der Homunkulus vor mir in den Büschen. Er sagte mit ruhiger Stimme: „Na, was machst du denn so spät noch im Wald? Du wohnst doch da vorne in dem roten Haus?“

Ich war wahnsinnig erschrocken, antwortete aber beherrscht: „Ich wollte mal sehen, wo der Weg hingeht.“

Darauf er: „Du kannst mein Gesicht im Finstern nicht sehen, weil ich eine dunkle Haut habe. Aber du brauchst vor mir keine Angst zu haben, denn ich bin zu allen Leuten freundlich. Aber du musst wieder nach Hause gehen. Deine Mama macht sich sicher Sorgen, wo du bleibst. Auf Wiedersehen und komm gut heim.“

Ich war heil froh, dass nichts weiter passiert war und war in null Komma nix daheim. Und Mama habe ich nichts davon erzählt.

Homunkulus

Noch ne kleine Geschichte vom Homunkulus? Ja? Also vor einiger Zeit war Sommer und ich schlief in meinem Bett im Kinderzimmer. Und weil es so warm war, war mein Fenster offen. Ich hatte schon eine Weile geschlafen und da wurde es mir zu warm unter der Decke. Ich strampelte mich auf und setzte mich auf die Bettkante. Ich blickte im finst'ren Zimmer umher und entdeckte, dass der Mond draußen schien. Ich stand auf und ging ans Fenster, von dem ich in unsern Garten sehen konnte. Nachdem ich rundherum nichts Interessantes entdeckt hatte, wollte ich wieder in mein Bett gehen. Aber Moment mal. Hatte sich da nicht eben am Zaun etwas bewegt? Beim genauen nochmal Hinsehen schien es mir, als ob da jemand stünde. Ich hatte mich nicht geirrt.

„Homunkulus, bist du das?"

Und die unklar erkennbare Gestalt ließ ein dunkles „Ja" in die Nacht.

„Was machst Du denn hier?"

„Ich sehe mir an, wo du wohnst. Du brauchst aber vor mir keine Angst zu haben. Wie du siehst, habe ich euren Garten nicht betreten. Ich bin noch am Zaun."

„Musst du nicht auch jetzt schlafen?"

„Nein, ich muss nicht. Ich gehe gern nachts im Wald spazieren und sehe den Tieren zu, was sie so treiben."

„Ach, ich muss jetzt weiterschlafen, denn morgen muss ich schon früh in die Schule. Gute Nacht!"

„Gute Naht und schlaf gut."

Dieses Mal erzählte ich aber Papa und Mama von unserem Nachtgespräch. Sie haben noch weiter darüber gesprochen. Ich hörte nur, wie Papa sagte: „Er ist aber offensichtlich freundlich. Also werden wir nicht die Polizei informieren."

Hungerkur

So viel gehungert hab ich noch nie.
Ich bin so dünn wie eine Kopie.
Wer haut mein Essen immer rein?
Das muss ein richtiger Fettsack sein.
Ich hab's geschafft und lebe noch.

Zuhause freut sich schon mein Koch!
Der kocht mir Suppe aus Senf vom Feinsten
Und noch dazu mit Preis vom Kleinsten.
Die Kur machte mich leider nicht fett,
doch ihr wart überwiegend alle nett!

Immer viel Zwiwwel

Die Zwiwwel ist aufgebaut wie ihr Name.
Innen nacheinander eine Schicht.
Und gut gekocht schmeckt Zwiwwel gut.
Sie gribbelt nicht und zwiwwelt nicht.

Viel Zwiwwel des schmeckt immer gut
und räumt den Darm mal richtig auf.
Das fröhliche Abgas macht immer gute Laune
und beflügelt auch deinen Ablauf.

Immer wieder Wunder

Vor dreieinhalb Milliarden Jahren, haben die Forscher errechnet, muss das Leben entstanden sein. Ich kann mir als Chemiker noch vorstellen, dass in den warmen Pfützen auf unserem Planeten Erde alle möglichen Stoffe entstanden sein können, die die ersten Lebewesen zum Leben gebrauchen konnten. Aber der entscheidende Schritt, aus einem Chemikaliengemisch Leben zu bilden, fällt mir verdammt schwer. So weit ich weiß, ist es Forschem noch nicht gelungen, im Labor Leben zu erzeugen. Was uns allen sicher schwer fällt, ist, die riesigen, langen Zeiträume als „Versuchszeit" einzuordnen. Der Gedanke liegt nahe, dann an Gott zu denken. Aber wo kommt Gott her? In der felsigen Wüste war außer Bergen und ersten kleinen Seen nix. Und wo hätte er wohnen können? Und wer hat ihn geboren? Ein menschenähnliches Wesen kann er sicher nicht gewesen sein. Für mich ist die Entstehung des Lebens ein Wunder. Und dabei bleibt die Beantwortung vieler Fragen offen.

Aus den ersten, sehr bescheidenen Lebensformen sind bald Fische im Wasser entstanden. Für mich ist auch das wieder ein Wunder. Wer hat denn die Idee gehabt, dass ein Fisch ein Herz hat, das allein schlägt? Wer hat die Augen der Fische konstruiert, die ein Bild der Umwelt in einem kleinen Gehirn zusammensetzen? Auch hier bleibt die Frage nach Gott problematisch, denn laut Bibel hat Gott später die Menschen nach seinem Vorbild geschaffen! Ich finde das alles wunderbar und leider nicht mit unserem Verstand zu begreifen. Und Fische gibt es auch schon 450 Millionen Jahre! Gab es da auch schon Gott? Wo kam er her, wo hat er gewohnt? Und ein drittes unbegreifliches Wunder ist die Menschbildung neben der Unzahl verschiedener Tiere. Wie kam es dazu, dass aus Affen Menschen wurden mit einem großen Gehirn und einem mächtigen Sprung der Intelligenz?

Für mich ist das ein Wunder, das ich nicht erklären kann. Kann dieser Schritt allein in der Natur erfolgt sein oder müssen wir hier uns bei Gott bedanken? Ich habe keine nachvollziehbare Erklärung, und anscheinend die Wissenschaftler – und ein solcher bin ich auch – meines Wissens auch nicht. Für mich ist es ein Wunder, Punkt.

Nachtrag:
Nicht nur ich, auch andere haben sich Gedanken um die Form Gottes gemacht. Mir kommt da so eine Idee, wo vielleicht Gott drinstecken könnte. In unserem Gewissen. Wer ein guter Mensch sein will, muss ein gutes und wirksames Gewissen haben. Vielleicht ist das Gott? Darüber lohnt sich nachzudenken. Ein gutes, verantwortungsvolles Gewissen ist sicher gottgefällig. Und ein schlechtes nicht. Wir alle kennen Vertreter beider Richtungen.

Im November 2021

Dieses Buch stammt von einem Pfälzer,
dem Höchsten, das du werden kannst.

In diesem Haus wohnt ein Pfälzer,
dem Höchsten, das du erringen kannst.

Jetzt

Nur die Gegenwart ist wichtig.
Die Vergangenheit ist vergangen
und kann eh nicht mehr geändert werden.
Die Zukunft wird immer
ein bisschen anders, als man denkt.
Also musst du hier, heute und jetzt
das Richtige machen!

Journalisten

Ein Journalist fragt sich bisweilen:
„Wie finde ich die besten Zeilen?“
Und fragt sodann mit dem Betreff
entschlossen auch mal seinen Chef.

„Das ist so einfach, dass du lachst“, meint der.
„Ich zeig dir‘s, wie du‘ s machst!
Teil auf das Wort in seine Teile,
und lies es dann, doch ohne Eile!

‚Jour-na-List‘ beschreibt den Tag,
klipp und klar und Schlag auf Schlag.
Doch wie? Ja, wie gesagt, mit List!
Ein bisschen trickreich, doch wie's.

Ein Beispiel geb‘ ich dir dafür.
Du kriegst dann selbst bald ein Gespür.
Braucht eine Sache mal drei Tage,
stellst du dir ganz schnell diese Frage:

Ist das schlimm oder ist das gut?
Und dann schreibst du mit etwas Mut:
‚Ganz schlimm, drei lange Tage ...‘ mit Würze
oder ‚wenige Tage ...‘ in voller Kürze.“

Das half dem Journalisten viel.
Er änderte sein‘ Schreibstil.

Trotzdem gilt aber weiterhin,
viel leichter hat‘s die Journalistin.
Sie schreibt immer gut, hat nichts zu klagen
und braucht auch keinen Chef zu fragen.

Der Name sagt‘s schon ohnehin:
Die Journalistin ist immer ‚in‘.

Kaspertheater

In der Schule wurde Kaspertheater aufgeführt. Und am Ende rief der Kasper mich zur Bühne. „Du siehst so traurig aus, was bedrückt dich denn?“

„Ach weißt du, ich habe noch eine Schwester, die ist erst ein Jahr alt und ich kann mit der überhaupt nicht spielen.“

„Mh, mh! Besuch mich doch morgen nochmal. Ich muss meine Eltern fragen, was sie mir dazu raten!"

Am nächsten Tag war wieder der Kasper auf der Bühne und rief mich zu sich. „Also, pass auf, die Sache ist ganz einfach. Ich habe auch eine kleine Schwester. Die sitzt da auf dem Bühnenrand. Die kleinen Kinder müssen noch ein bisschen größer werden und dann kann man mit ihnen spielen. Also Geduld und dann wird‘s besser.“

Und inzwischen bin ich über 80 Jahre alt und meine Frau meinte auch, dass ich so traurig aussehe.

„Hängt das mit mir zusammen?“

„Nein, ich konnte meine Gedanken nicht von Bildern trennen, die mit dem Töten von Juden zusammenhängen. Und in meiner Seelenqual fiel mir ein, doch auch nochmal den Kasper zu fragen.“

„Lieber Kasper, hast du eine Idee, wie du mir helfen kannst?“

Und der Kasper hatte eine Idee. „Du erinnerst dich an meine kleine Schwester? Da ist sie: Sie ist eine große, hübsche Frau geworden! Und ich habe noch eine kleine Schwester bekommen. Die sitzt wie damals in der Bühnenecke!“

Und so hat Kaspers Familie mir auch dieses Mal meine bedrückenden Gedanken beseitigt. DANKE!

König Brrr und seine zwei Töchter

(Diese Märchen-Geschichte habe ich etwa um 2010 in einem Kindergarten in Münster gehört. Weil sie mir so gut gefallen hat und sie so kindgerecht vorgetragen wurde, habe ich sie mit kleinen Änderungen aufgeschrieben, um sie auch in einem Kindergarten einmal vorzutragen.)

König Brrr wohnte in einem Schloss hoch oben auf einem Berg. Er hatte zwei Töchter. Die eine war schön und lieb; sie hieß Mhhh.

Die zweite Tochter war hässlich und grob; sie hieß Grrr.

Wie nun die beiden Töchter alt genug waren, wollte er sie beide verheiraten. Die schöne Tochter mit Namen Mhhh wollte jeder Prinz haben. Die hässliche wollte keiner haben. Also hat er verkündet: Erst wird die Grrr verheiratet.

Da kam aber kein Prinz.

Halt, einer kam doch. Das war ein schöner und lieber Prinz; und der hieß Ja.

Er wollte aber die schöne Tochter haben. Und weil er sie schon mal am Fenster gesehen hatte, wusste er, dass Mhhh ihn auch gern heiraten würde.

Wie konnte er nur zu seiner schönen Mhhh kommen?

Eines Abends ritt er mit seinem Pferd vors Schloss, klack-klack-klack, und wartete, bis es dunkel war. Dann kletterte er mit einem Seil zum Fenster der schönen Mhhh. Das war ganz schön gefährlich. Aber Ja konnte gut klettern und er war auch groß und kräftig. Er holte Mhhh aus dem Fenster, kletterte mit ihr hinunter und beide ritten schnell auf dem Pferd weg, klack-klack-klack.

Der König Brrr hatte nichts gehört, weil er die ganze Nacht schnarchte, hrrr-hrrr-hrrr.

Am nächsten Morgen war er erst ganz wütig, brrr-brrr-brrr! Aber wie er hörte, dass es der schöne und liebe Ja war, willigte er dann doch in die Heirat ein.

Und wenn sie nicht gestorben sind, der König Brrr, die schöne Mhhh, die hässliche Grrr und der schöne Ja, dann leben sie heute noch.

Krieg

Krieg ist das größte Verbrechen der Welt.
Krieg ist verboten, Krieg ist verboten!
Wer Krieg macht, gehört sofort ins Gefängnis.
Soldaten sind Sünder. Soldaten sind Sünder.
Wer Unschuldige quält, verdient die Qual.
Wer Unschuldige tötet, verdient den Tod.
In Staaten ohne Todesstrafe
verdient er lebenslange Haft.

Krieg

Jeder Krieg ist unmöglich, der heutige vor allem.
Tausende Verletzte und Tote gefallen!
Wie falsch denkt jemand, der so was befiehlt und glaubt,
dass er die Weltmacht so erhält?

Der Krieg muss enden, und zwar sofort!
Der Befehlshaber muss fort von seinem Ort.
Nur Frieden dient Mensch und Welt.
Nur Frieden uns die Welt erhält.

Wir wollen leben, arbeiten und denken
und möchten uns gegenseitig beschenken.
Ihr Klugen und Weisen, helft uns bald,
für glückliches Leben, jung und alt.

Kuschelmaus

Heut‘ komm nicht vom Bette raus.
Ich bleib bei dir, liebe Kuschelmaus.
Das ist die schönste Stund am Morgen.
Da fühl ich mich wohl und hab keine Sorgen.

Ich habe gut geschlafen über Nacht
und nun hat Dein Geräkel mich munter gemacht.
Komm rein in mein Haus, dann wirst du es sehen,
ich bin ganz sicher, es wird wieder schön!

Lebensteile

Mein Leben lief in Teilen ab. Zunächst bestand ich aus nichts. Dann begann mein Vorleben durch einen intensiven Kuss meines späteren Vaters mit meiner späteren Mutter. Und einer besonderen Körperpresse. Ungefähr so.

Dann war ich schon da. Aber noch klitzeklein. Die Nachbarin sagte: Die Frau Kurze hat sich eine Schwangerschaft angelacht. Das war mein erster Name. Übrigens habe ich damals noch nicht selbst geatmet. Das hat die Mama für mich gemacht.

Meine Jugend begann mit der Geburt. Mein erster Laut war: „Uäh!". Mehr fiel mir damals nicht ein.

Zur Ernährung brauchte ich einen Kubikmeter Milch. Wegen Produktionsengpässen bei Mama diente dafür eine kleine Kuhherde. Ich wurde ein Weißer und weise.

Dann kam meine Erziehung, die meine Eltern sofort altern ließ.

Schon damals war mir klar, was ich werden wollte: Einer, bei dem es kracht und pufft und immer etwas los ist.

Chemiker!

Man nennt das dann Beruf. Ich bin heute dem Schicksal dankbar, dass Mamas Küche nie ganz abgebrannt ist.

Klugerweise wurde ich im gefälligsten Dialekt großgezogen: In Säcksich in Leipzig. Ehrlich!

In Greifswald lernte ich, wie man Laborkittel dreckig macht und studienhalber so lange trägt, bis sie auseinanderfallen.

Später im Beruf lernte ich das Höchste, was man werden kann: Pfälzer. Außerdem hat Ludwigshafen noch guten Wein und eine gute Einrichtung: den Rhein. Alles, was keiner mehr braucht, transportiert der nach Holland.

Mit 86 Jahren zog ich nach Bayern, dem schönsten Land der Erde. Jo mei!

Hier bin ich dann auch gestorben. Mein Übergang ins transzendente Leben lief so. Ich hatte ein kleines Schläferchen gemacht und erwachte. Keine Schmerzen in den Beinen, klarer Blick ohne Brille, gutes Gehör ohne Hörgeräte, und ich konnte fliegen! Einfach so. Bis mir endlich klar wurde, dass ich nur noch die Seele war. Aber schön und leicht war das, vor allem mit dem Fliegen.

Tschau, bis bald!

Lebenswille

Das Schicksal ist nicht immer gut zu einem.

Ich selbst hatte das Pech, in der zweiten Lebenshälfte viel Schmerz zu erleiden.

Ich weiß daher genau, wie das ist, wenn man große Schmerzen ertragen muss.

Vielleicht hilft es dem Leser, wenn er von mir erfährt, wie ich mit großen Schmerzen einig geworden bin. Eine Hilfe kann es sein, wenn man seinen Schmerz laut herausschreien kann. Egal, wo man ist, aber einen Schmerzensschrei kann niemand überhören. Vielleicht kommt dann doch ein Helfer, der den Schmerz lindert, z.B. mit Tabletten.

Eine andere Hilfe kann es sein, wenn man sich selbst versucht zu beeinflussen.

Ich habe mir fest den Satz eingeprägt: ICH WILL ÜBERLEBEN! Ich habe fest daran gedacht und habe es auch ausgesprochen. Vielleicht hilft es auch einem schmerzgeplagten Leser.

Lebenslust

Einerseits bin ich ein armer Geist,
denn manches so am Tag entgleist.
Ich leide oft an Kummer und Schmerz,
den Armen, den Beinen, im Bauch bis ans Herz.

Doch wenn die Sonne lacht ums Eck,
vergess‘ ich ganz schnell Sorgen und Schreck.
Da lacht wieder Leben in mir und Freude.
Da bin ich glücklich und lebe gern heute.

Lesemaschine

Ich bin in der Augenklinik gewesen.
Leider kann ich nicht mehr lesen.
Man bittet mich doch zu probieren,
es mit „Lesemaschine“ zu vollführen.
Das Leben bleibt doch interessant,
wieder was Neues in mein Lebensland.
Wenn es nur vergrößert, das wird nicht reichen.
Mir fehlen beim Lesen einfach ein paar Zeichen.
Ich bin auf dem Weg zur „Blinden Kuh“
und später mache ich bloß noch Muh!
Die Lesemaschine ist inzwischen da.
Ich kann etwas lesen, hipp hurra!

Lesen

Mein Alter schreitet voran: ich kann nicht mehr lesen.
Die Makula-Schäden sind so groß, dass ich kein Wort mehr vollständig sehen kann. Und das spärliche Erkennungsvermögen ist kein lesen mehr. Wichtige Texte müssen mir liebe Menschen vorlesen.
Es ist schon verrückt. Ich kann noch über Disproportionierungen nachdenken; aber nicht mehr lesen. Das ist ein wehtuender Schritt ins Nichts.
Wer weiß, was noch alles kommt.

Leserbrief

Liebe Politiker, bitte verzeihen Sie das harte Wort: Wie lange wollen Sie uns Bürger denn noch verarschen? Bis wir tot sind? Erst liefern Autohersteller Autos mit gelogenen Werten ab. Wir bezahlen sie. Dann kommt alles heraus. Kein gewählter Politiker weist die Lügenmannschaft zur Behebung an. Alle eiern bloß rum: Es sollte die Autobesitzer nix kosten. Sollte! Aber die verlogenen Autohersteller dürfen mangels klarer Zahlungsanweisung weiter versuchen, dem Autobesitzer so viel wie möglich abzuknöpfen. Entweder mit Neuwagen oder mit Reparaturkosten für Filter.

Sie haben uns alle maßlos enttäuscht, weil Sie nichts Effektives machen. Sie halten nicht das Schlechte von Ihren Wählern ab. Sie klüngeln mit Industriebossen herum, die uns mit viel zu hohem Einkommen leider nur betrügen. Sagen Sie doch endlich mal, die Autohersteller müssen alles bezahlen! Für die Milliarden-Strafen bei Amis ist auch Geld da! Warum nicht für uns?

24.10.2018

Leere Seite

Nichts klagt einen Schriftsteller mehr an als eine leere Seite. Es gibt Momente, da fühlt man sich wohl, aber es fällt einem nichts Vernünftiges zum Schreiben ein.
Triviales und Effektloses will man nicht. Also sitzt man auf der Wartebank und sucht gute Ideen.
Ich wollte mich schon immer mal erkundigen, welche Kakteen man essen kann und wie man sie stachelfrei zubereitet. Vielleicht schmecken sie wie Gurke?
Als alter Mensch gibt es nicht so viele Sachen, die einem Freude machen. Aber gut und schmackhaftes Essen ist dabei. Es ist ja bald Mittag. Und was gibt‘s zum Essen?

Würzburg im April 2022

Liebe Freunde und liebe Freundinnen,
aus unserem Kreis der Chemiker aus Greifswald,

nun ist wohl die Zeit gekommen, in der wir aus Gesundheitsgründen keine Treffen mehr ausführen können. Das macht mich traurig, ist aber nicht zu ändern. Jeder von uns spürt am eigenen Leib kleine oder größere Krankheiten oder hat schon seinen Partner verloren.
Sie tun mir alle leid und noch mehr die Übriggebliebenen als Alleinstehende.
Ich danke Euch allen, wenn es Euch noch möglich ist, Euch in kleinen Gruppen zu besuchen oder zu helfen. Die Zeiten, die wir gegenwärtig erleben, sind alles andere als schön. Krieg ist die größte Schande der Menschheit.
Nicht die Anführer enttäuschen mich, sondern auch wir Mitmenschen. Warum um Gottes Willen lassen wir uns das gefallen und warum machen wir das alle mit? Ich verstehe die Menschen nicht mehr.
Der große Sünder Hitler ist tot, aber auch heute kommen Staatsführer wie Putin grundlos auf gleiche Macht-Spinnereien wie Hitler.
Und Corona ist ein anderes Leiden, was die Menschheit immer noch nicht beenden konnte. Aber für Krieg gibt die Menschheit noch mehr Geld aus. Das alles ist Wahnsinn und Irrsinn.
Ich freue mich über jeden Kontakt aus unserer Runde. Seid alle ganz lieb gegrüßt und ich drücke Euch alle Daumen, dass es so gut, wie es noch geht, gehen mag. Vielleicht können unsere Nachfolger dereinst den Krieg beseitigen. Ich wünsche mir das.
Nochmals ganz liebe Grüße

Euer Werner + [illegible]

Liebe Lummerländerinnen und speziell die beiden lieben Frauen Hoffmann und die liebe Frau Ganzosch,

mit Ihrem kleinen Weihnachtsbeutel haben Sie mir wirklich eine große Freude gemacht, weil die originalen Lummerlandplätzchen ganz hervorragend geschmeckt haben, der Apfelgelee sehr gut gelungen war und natürlich auch die Schokoladenplätzchen wunderbar waren. Die hat meine Frau gleich in Beschlag genommen.
Deswegen und überhaupt sind Sie ein wirklich netter Verein, der außer vielen Kindern sogar noch zwei älteren Herrschaften Freude macht.
Mir macht es Spaß, bei Ihnen ein kleines, gutes Werk in Sachen deutscher Sprache beizusteuern. Gerne hoffen wir, meine Frau und ich, mit Ihnen zusammen diesem Teil unserer Jugend etwas Gutes für deren Leben mit zu geben. Leider kann man das nicht direkt weiterverfolgen. Aber wenn man bedenkt, dass Ihre kleinen Geister ein enormes Wissenspensum aufnehmen, dann hat wohl der berühmte Satz „die Hoffnung stirbt zuletzt“ auch für unsere guten Taten große und positive Bedeutung.

Weiterhin viel Freude und Erfolg wünschen Ihnen für Ihre Arbeit

Ihr Werner Kurth

Ein kleiner Dank von uns ist das kleine Kinderlied von meinem Sohn und mir im Anhang. Es würde uns freuen, wenn es bei Ihnen und den Kindern ankommt.

KOMPONIST

THOMAS KURZE

Max und Moritz

Max und Moritz, diese beiden
Konnt‘ ich schon als Kind nicht leiden.
Sie begangen Übeltaten.
Die ander‘n mussten sie durchwaten.
Sie quälten Tiere, stahlen Früchte
und sie logen oft Gerüchte.
Was soll daran lustig sein?
Da kann ich nicht lachen.
Meine Moral bleibt rein.
Pure Egoisten aber
erfreuen sich am Gelaber!
Vielleicht war‘n Eltern, Frau und Mann
mehr egoistisch dann?
Grausam ist ihr Zwischentod beim Bäcker.
Erst ersticken sie im Teig.
Der Bäcker knetet gut, nicht feig.
Er bäckt sie braun, bleibt froh und munter.
Doch plötzlich sind beide wieder munter,
und beide springen lebend davon.
Das gibt es nicht. Das merkt man schon.
Je mehr ich bei Busch lese, oh je,
desto mehr tun mir seine Typen weh.
Er macht sich lustig über die Welt.
Von der er offenbar nichts hält.
Ich vermisse hier Liebe, Rettung und Recht.
Dann würde er meiner Welt gerecht.
Warum ist hier Busch immer noch so beliebt?
Die Menschen freu‘n sich, dass es so Böses gibt!

Maschinengedicht

Zisch bumm tek, zisch bumm tek.
Die Maschine läuft wie‘n Geck.
Zisch bumm tek, zisch bumm tek.
Zisch bumm tek, zisch bumm tek.
Die Maschine läuft ganz glatt vom Fleck,
zuverlässig wie ein Geck.
Zisch bumm tek, zisch bumm tek.
Zisch bumm tek, zisch bumm tek.
Zisch bumm tak, zisch bumm tak.
Halt, halt, was war denn das eben?
Der Ing. muss her, der Ing. muss her.
Der kennt die Schaltung kreuz und quer.
Klickel die klack, klicke! die klack!
Und …?
Zisch bumm tek, zisch bum tek.
Zisch bumm tek, zisch bumm tek.
Da läuft sie wieder wie ein Geck.
Zisch bumm tek, zisch bumm tek.

Mäusekrankenhaus

Zuallererst müsst ihr wissen: Es darf kein Mensch erfahren, wo das Krankenhaus für die Mäuse ist. Aber da ja nun die Rübimaus drin war, hat sie es gesehen und darf es nicht verraten, wo es ist. Also, das Krankenhaus befindet sich in einem großen Stein. Dort haben in langer Zeit mit großer Mühe fleißige Mäusemaurer lauter Gänge mit Hammer und Meißel gebohrt und kleine Behandlungszimmer eingerichtet. Selbstverständlich ist alles gut mit Lampen erleuchtet. Die gut eingerichteten Mäuse, so auch die Eltern der Rübimaus, haben alle elektrischen Strom, den sogenannten Dippi-Strom, daheim. Das erzähle ich euch ein anderes Mal, wie der in Wohnungen gelegt ist. Das ist nämlich die Sache der Elektro-Mäuse.

Aber jetzt erzähle ich noch ein bisschen vom Krankenhaus. Fotos gibt es keine, weil alles geheim bleiben soll. Der Stein ist von einem großen Busch verdeckt, sodass man ihn gar nicht von außen erkennen kann.

Also, im Erdgeschoss sind die Buchführer untergebracht. Sie müssen alle Krankheiten aufschreiben. Wer das Krankenhaus braucht, kann es kostenlos benutzen. Bei den Mäusen ist es so eingerichtet: Man muss nur für Essen und Schlafen bei Handwerkern sorgen. Aber sonst kosten sie nichts.

Im Obergeschoss sind die Operationssäle mit allem, was noch dazugehört.

Und im zweiten und dritten Obergeschoss liegen Kranke in ihren Betten. Die Küche ist im Keller.

Medikament

Ein Medikament ist doch was Gutes,
weil du sofort guten Mutes
machen kannst, was du willst
und deinem Kopf gerade entquillst.

Ganz viele Menschen haben sich geschunden,
bis sie das neue Pulver aufgefunden,
was grad da hilft, wo‘s Leben weh tut.
Ich danke allen für Fleiß und Mut.

Meine Wünsche

Ich möchte zu allen Menschen nett sein,
egal, was sie glauben, ob alt oder klein.
Ob Gott oder Buddha oder niemand verehrt wird;
jeder Mensch hat sich schon mal geirrt.

Nur Terroristen nehme ich aus.
Die nehm' ich als Menschen vollständig heraus.
Solche Typen muss man isolieren.
Die muss keiner von uns akzeptieren.

In Frieden leben, am besten ohne Waffen,
da könnte man so viel Gutes schaffen!

Mein Gehör

Mein Gehör hat lange Zeit geruht,
doch jetzt auf einmal hör ich gut.
Neue Geräte bei mir im Ohr,
die brachten diesen lA-Komfort.

Ich kann es manchmal gar nicht fassen,
was die jetzt alles zu mir lassen.
Da knistert's und da wispert's leis.
Ich hör jetzt alles, ich alter Greis.

Es kachelt, es raschelt ganz leis' und es flüstert.
Selbst altes Papier macht mit und es knistert.
Das hätt' ich im Leben nicht gedacht,
was das mir noch mal Freude macht.

Und zartes, leises, liebes Streicheln
wird jeden von uns ganz umschmeicheln.
Ich danke dem Rat fürs neue Gerät.
Gut zu hören ist nie zu spät!

Meine Tabletten

Über Tabletten kann man viel schimpfen.
Viel zu klein! Und dann auch noch impfen,
Blutentnahme und andere Spritzen,
im Stehen, Liegen oder Sitzen!

Man muss sich furchtbar winden
sie am Teppich wiederzufinden.
Und dann verdienen alle dran:
Chemiker, Pharmazeuten und Apothekersmann.

Aber ich bin dem Hausarzt dankbar.
Ich kann mit dem Krümelkram sogar,
wunderbare Stunden schmerzlos sein.
Da bin ich glücklich, auch ohne Wein.

Wer jemals viele Schmerzen hatte wie ich,
der fühlt mit mir mit und dann freut er sich!
Ich grüße mein‘ Hausarzt: Er lebe hoch!
Dank Krümelgeistern lebe ich noch!

Mein Glück

Ich habe die Schönste aller Puppen,
die Rübimaus, und auch noch gute Suppen
mit und ohne synthetisches Fleisch.
Das schmeckt gut und ist immer weich.

Mitteilung vom Werner

Ich habe Geburtstag und ziemlich bald
und werde fünfundachzig alt.
Normalerweise freuen sich die Leute.
Doch diesmal ist alles anders heute.

Die Welt ist voller Viren, man verkriecht sich im Haus.
Meine Geburtstagsfeier fällt deswegen aus.
Ich verkrieche mich mit llse hinterm Ofen.
Wir zwei allein werden mit Schnaps einen schwofen.

Wenn der Krieg vorbei ist und wir überleben,
kann's sicher Wiedersehensfeiern geben.
Dazu wünsche ich Ausdauer und Geduld.
Ich bin jedenfalls nicht an Corona schuld.

Morgens

Meistens steht meine Frau morgens etwas eher aus dem Bett auf. Das ist mir auch ganz recht, denn ich liege gern im warmen Bett. Ich strample öfter die Decke weg und habe kalte Füße. Da ist dann das zurückgeholte Bett schön mollig warm. Halb oder ganz angezogen kommt meine liebe Frau dann an mein Bett und streichelt mich wach. Das ist wunderschön.

Aber ab und zu spüre ich ihre Hand im Halbschlaf auf mir. Dann schicke ich ihr meine Hand. Und die entdeckt sie dann von oben nach unten.

Und dann entdecken wir beide, wie schön das Leben sein kann. Mir fehlen dazu jetzt die richtigen Worte, aber ich bin sicher, dass der Leser sie gut ergänzen kann …

____

____

____

Das ist ein sehr schöner Morgen.

Ein früherer Mitarbeiter hat mir einmal erzählt, dass er immer bei zunehmendem Mond in Urlaub fährt. Das müssen Sie auch mal probieren. In dieser Zeit laufen das Wetter und das Leben immer gut.

Moinar liewen Thea zum 60. Geburtstag

Als Du noch klä, so 0-10, da war Doi Lewe sehr bequem.
Da ware Papa, Mama, Paul
un Willv, Anna un ä Gaul,
de Kropka, de Teich, groß und rund –
a glickliche Jugend, schä un bunt.

Mit 10-20 war s vorbei
mit Jux un Schpaß un Dollerei.
Doi Mama schtarb, Do warscht erscht zehn.
un konntest nur zum Papa geh'n.
Auch dieser starb danach sehr bald.
un Du warscht Waise, 12 Jor grad alt.

Durch Doini Brider un durch Herrn Schwandt
kam's Thealein, jung un gewandt,
vum Dorf in de Stadt, un zwar nach Berlin,
ä Haushalt-Schul-Internat zu bezieh'n.
Dort lernscht Du haushalte, koche un nähe
Un sicher de erschte Buwe nachsehe.

Doch danach ging's ohne Widerruf
voller Schwung in de Schwesternberuf.
Das Schicksal schlug nochämol zu:
De DDR ließ Doi Brider kä Ruh.
Beide verurteilt un verhaft.
Moin Gott, wie hasch Du des alles verkraft?

Dann wurde uf ämol alles schäna,
denn ich, de Werner, betrat die Arena.
Verliebung, Verlobung un Hochzich wie kloar,
da gab's nur noch Schänes. Jor fer Jor.

Der nächschte Brocke? – Er nahte mit Wucht:
Moi Studium war fertig, da kam unsre Flucht.

Auch das ging gut, un wie's kumme muss:
hier in de Palz, da fasse mer fuß.
Do bei de Weltachs do g'fallts uns sehr.
Zwä Kinner, ä Heisl, was wulle mer mehr?
Glei kumm ich zu Der, moi liewer Schatz,
dann krigschte Doi Geburtstagsschmatz.

Die Urteil der Brider sin heit annulliert.
Beide sin rehabilitiert.
Sogar des Land werd zurickgegewe.
Dass's sowas noch gibt in unserem Lewe!
Mir brauche's Glick net zu suche:
Mir hawens – Friede, Freude, Eierkuche!

Doch zurick zur Theusch, moi Liebscht un moi Schatz,
moi sießes Hascherle un ach moi Schpatz,
bischt Mame, Mama, nie Mutti, doch Mutter,
un Oma Thea. 's is alles in Butter.
Moi, Schatz, ich lieb Dich, so, wie Du bist.
Un jetzt werschte endlich verkißt.

Doi W e r n e r

Nachruf über meine Wohnung in Neuhofen, Wiesenstraße 17, in der ich von 1975 bis 2021 wohnte.

In diesem Haus wohnten vor Jahren
zwei Bürger Neuhofens, die zufrieden waren,
Werner und Thea Kurze mit zwei Kindern,
Petra und Thomas genannt.
Sie lebten glücklich hier im Land.
Er war Chemiker und dichtete auch
und sie OP-Schwester für Leib und Bauch.

Nachtrag zum 40. Jubiläum

Wer hätte das denn je gedacht,
dass Tanzen so viel Freude macht.
Zum 40. Jubiläum tanzt der Mitbegründer
froh, mit seiner Ilse und wird immer gesünder.
Nur wer viel tanzt, bleibt immer munter
und erreicht ein schönes Alter mitunter.

Euer Werner und deine Ilse

Nägel

Haut einen Nagel krumm,
ist einer von beiden dumm.
Ein gerader Nagel flutscht in die Wand
nur von geschickter, kluger Hand.

Neihoffe

Ich bin Neihöfer un wohn in Neihoffe
Wo des zweete f herkommt, bleibt vorerscht offe.
Awwer feschd schdeht mir hawwen eigene Sprooch:
Do‘s alles echt dran un nix gelooch.
Mir redde net hochdeidsch, mir redde normal,
denn alles annre wär doch ä Qual.
So simmers helt un bleiwens aach weiter,
un krabbeln uns hoch an der Lebensleiter.

Neues vom Nasobem

Ich bin das Nasobem. Im Moment liege ich gemütlich in meiner Wohnung unter der Erde. Meine Wohnung ist schön rund, nicht zu klein und nicht zu groß, wie es eben genau zu mir passt. Ich habe drei Wohnungen. Die obere mit Raumtemperatur, darunter eine, die ist kühler. Die brauche ich bei warmen Sommertagen jetzt. Und dann noch eine drunter, wo die Erde wieder warm ist.

Ich bin zu meinem Namen gekommen, weil ich gerne Nasen anderer Tiere fresse. Das mögen die anderen Tiere alle nicht, aber mir schmecken Nasen nun so gut. Kinder habe und will ich auch keine. Die anderen Nasobeme erzählen mir, dass die Kinder von heute nicht so gern Nasobemisch lernen. Dabei ist die Sprache ganz einfach: Wenn eine Sache gut ist, ist sie SCHEEN. Und wenn einem etwas gut gefällt, sagt man einfach HA-HA-HA!

Ein paar Tage habe ich bei Werner gelebt. Aber der hat mich rausgeschmissen. Er konnte nicht ertragen, dass ich immer so liebevoll auf seine Nase geblickt habe.

Ach, und noch was wollte ich sagen. Vor einiger Zeit hatte ich den Eindruck, dass ich schwanger wäre. Das war ich aber nicht. Das waren nur Blähungen.

Neuhöfer

Ich war gern in Neuhofen und nun ziehe ich aus.
Ich bin nicht gestorben, ich bin nur raus.
Kaum ein Neuhöfner wird Würzburg besuchen.
Lieber werden sie in Thailand buchen.

So schä Neihoferisch spricht Wittmer Otto,
als ob er's gewonne hätte beim Lotto.
Mit Pfälzisch fiel ich mich richdisch dahäm.
Un des werd es später nimmeh gäbn.

Als Pfälzer geh ich in de Bayrische Wald.
Lieber Otto, bleib gesund und werd' alt!

Neujahr

Ein Jahr ist vorbei.
Mir ist es einerlei.
Man fragt mich ja nicht.
Es hat kein Gewicht.

Es geht immer so weiter,
mal traurig mal heiter.
Warum traurig?
Das Neue ist schon da.

Wir Menschen machen Mist,
ob Du jung oder alt bist!

Nina und Nena

Nina und Nena waren zwei Schwestern und die wohnten in Neuhofen. Das ist ein kleiner Ort in der Nähe einer Großstadt.

Nina war ein hübsches Mädchen. Nena war nicht so hübsch. Auf jeden Fall redeten die Leute lieber mit Nina und Nena ärgerte sich immer, dass sie von niemandem angesprochen wurde.

Beide wohnten in einem kleinen, alten Haus ihrer Eltern, die aber beide schon früh gestorben waren.

Als sie nun ein bisschen größer geworden waren, schauten immer mal wieder die jungen Männer vorbei, weil sie neugierig gucken wollten, ob sie die eine oder andere zur Freundin haben möchten. Nach Nina fragten sie immer. Die hatte auch bald einen Freund.

Aber nach Nena fragte keiner. Die war den jungen Männern zu hässlich.

Eines Tages kam eine Fee zur Nena, als sie wieder richtig traurig war. Sie fragte: „Warum bist du so traurig?"

Nena antwortete: „Weil ich so hässlich bin, will niemand mit mir befreundet sein."

„Quatsch!", entgegnete ihr die Fee. „Du bist gar nicht hässlich! Ich sage dir mal, was du machen musst, damit du auch schön bist. Pass auf: Zuerst musst du dich gut waschen, am ganzen Körper, damit kein Dreckfleck mehr auf der Haut zu sehen ist. Dann musst du dir die Haare schön kämmen. Dann gehst du zum Friseur und der soll sie schön schneiden und schön frisieren. Als Nächstes gehst du mit deiner Schwester in der Stadt in ein Kaufhaus oder einen Kleiderladen und kaufst schöne, neue Sachen, die andere junge Mädchen oder hübsche Frauen tragen. Und dann wirst du staunen; dann bist du auch schön."

Nena machte alles, was die Fee gesagt hatte. Und tatsächlich, jetzt schauten die jungen Kerle auch nach ihr und fragten, wie es geht.

Und wer mir das nicht glaubt, der braucht nur nach Neuhofen zu fahren, und wenn er Glück hat, kann er Nina und Nena auf der Straße oder in einem Laden sehen.

Jetzt sind sie beide hübsch.

Und wenn sie nicht gestorben sind, dann leben die beiden Hübschen immer noch in Neuhofen.

Neues Leben

Es ist doch unglaublich, wie in vielen kleinen Äderchen unser Blut uns morgens wieder neu belebt. Haben wir das verdient? Nein, es ist ein schönes Geschenk von der Natur und sie will das so, weil es ihr gefällt. Für uns ist es einfach wunderschön, und Anerkennen fordernd, Danke.

Nur Mut, lieber Nachbar

Und was sagst du heute? Als du vor ein paar Wochen zaghaft aus den Fugen geguckt hast, fehlte dir der Mut, einfach so senkrecht aus der Mauerritze hervorzuschauen. Aber ich habe dir Mut zugesprochen. Du wirst sehen, das geht gut! Einfach senkrecht aus der Wand kommen. Das geht gut!

> Du hast recht gehabt. Heute habe ich schon mehrere Zweige. Noch nicht so viele wie du, aber ich wachse und gedeihe.

Und nun sind wir schon zu zweit und verschönern die graue Mauer. Es gibt einfach zu viele unbelebte Mauern in Würzburg. Und alle so langweilig grau in grau. Wir haben der Umwelt mal gezeigt, wie auch eine senkrechte alte Mauer wieder grün zu leben beginnt.

Du hast ja so recht. Wir sind die Grünen an der grauen Mauer.

Dieses Gespräch hatten vor 14 Tagen die zwei Pflanzen auf dem Foto. Irgendeine Instanz hat die Beseitigung beschlossen. Jetzt ist die Mauer wieder tot. Aber an 100 Stellen wispern sich die kleinen grünen Ritzenpflänzchen wieder zu: Nur Mut, man kann auch senkrecht aus der Mauer kommen und eine Zeit lang glücklich grün leben.
Und noch ne Woche später lief ich mit einem Freund an der gleichen Mauer vorbei. Plötzlich rief da jemand: „Gospodin Werner!“ Das klang wie Russisch.
„Kannst du etwa Russisch?“
„Ja, aus der Schule her.“
„Da, ja sdjes!“
Kurz nach einem russischen Zwiegespräch erfuhr er den Inhalt.
„Ich habe Ihnen Mut gemacht, senkrecht aus der Mauer zu wachsen. Nichts weiter.“

Osterhase

Jedes Jahr taucht er wieder auf
und kommt zu uns Kinder ganz schnell rauf.
Der Osterhase ist wieder da.
Ich freu mich drauf und sag: „Hurra!“

Wo war der nach Ostern hin verschwunden
mit seinen vielen Eiern, den bunten?
Ich weiß es nicht. Es ist egal.
Er ist wieder da und ich freu mich mal.

Er hat viele bunte Eier im Kasten
und schleppt jedes Jahr ganz schwere Lasten.
Eier und Schokolade sind drin,
und Bonbons schleppt er auch noch hin.

Egal, wo er herkommt. Er ist wieder da.
Alles Gute zu Ostern, Hurra!

Pessimist und Optimist

Grau kann aus 1000 sehr kleinen schwarzen Punkten
auf weißer Fläche bestehen. Wie unser Leben.
Der Pessimist sieht nur ein Unglück nach dem anderen.
Der Optimist sieht um sich nur Sonnenschein.

Rätsel lösen

Rätsel hin und Rätsel her,
Rätsel lieb ich wirklich sehr.
Klemmt's auch mal beim „Orinoko"
oder Speiseart mit „Schoko".

Es macht einfach große Freude
für „Gegenwart" zu finden „heute".
Schön ist's, es ergibt sich
das Schlüsselwort auf Seite siebzig.

Sofort ruf ich danach an,
und freue mich, dass man das kann.
Lösung, Name, Telefon,
Adresse noch, dann war's das schon.

Vielleicht gewinn ich was, wer weiß?
Ne Salbe oder'n andern … Kram.
Genau genommen ist's nicht wichtig.
Die Freude zählt und es war richtig.

Eh' ich's Geld verbrauch' mit Saufen,
geh' ich lieber Bücher kaufen:
Kreuzworträtsellexikon,
nicht so'n kleiner, größer schon.

Meyers Enzyklopädie!
Das hilft sehr gut, und wie!
Auch ein guter, neuer Duden
hilft dem Rater in Minuten.

Manchmal ich auch etwas such‘
im Synonymenwörterbuch.
Auch das steht zum edlen Zwecke
fürs Lösen in der Rätselecke.

Schluss jetzt, ich hab‘ keine Zeit.
Ich kenn‘ keine Einsamkeit.
Rätsel lösen im Kämmerlein
heißt für mich einfach glücklich sein.

Regenspaziergang

„Liebe, kleine Rübimaus
wir gehen jetzt mal aus dem Haus."
„Aber Mama, es regnet doch!
Da geh ich nicht aus meinem Loch."
„Man kann im Regen auch spazieren.
Man muss sich dazu präparieren!
Ich schenk dir diesen Schirm den, den roten.
Den hältst du dann mit deinen Pfoten
und wirst gleich sehen, du wirst nicht nass.
Pass mal auf, das macht dir sicher Spaß!
Und noch was, wirst Du'n bisschen feucht
sei nicht gleich so sehr aufgescheucht.
Das trocknet wieder ganz allein.
Dein Fell bleibt zart und weich und fein."
Passt auf, ihr Kinder, reißt nicht aus,
seht ihr den Schirm mit Rübimaus.
Die kommen grad mit Saus und Braus
vom Garten in ihr Wohnungshaus.

Regierender

Ein Mensch regiert sein Land nur gut,
wenn er nicht oft lügen tut.
Wird etwas behauptet zäh wie Leder,
irren ist menschlich, dass weiß doch jeder.

Rom

Liebe Leute, Rom ist schön!
Da kannst du mehr Kirchen als Tage im Jahr seh'n.
Und Römerinnen gibt's da, schicke und fein.
Auch das macht Freude in Rom zu sein.

In den Hotels wohnen aus aller Welt Wesen,
Schwarze, Weiße und viele Chinesen.
Sie alle bestaunen Kunst und Kultur,
den katholischen Reichtum einfach nur.

Wer Geld in den Trevi-Brunnen warf,
sich einfach drüber freuen darf.
Wer's zweimal tut, kommt wieder bald.
Bei dreimal bleibt er gleich; so ist das halt.

In der eh'mals 18.000er Stadt
wohnen jetzt 3 Millionen Einwohner glatt.
Und über den übervollen Verkehr,
fast unfallfrei, da staune ich sehr.

Rom hat nicht nur Michelangelo,
sondern auch Cäsar, Katholizismus und Co.
Es gibt hier alles in der Stadt,
die Gottseidank viel Normale hat.

Sandkiste

Ich meine, dass besonders ältere Damen und Herren sich besonders um kleine Kinder bemühen. „So musst du das machen" usw. Warum? Ich glaube, sie würden am liebsten mit im Sand sitzen und alles vormachen, weil sie sich selbst gern an die Zeit erinnern. Ich weiß heute noch, dass meine Mutter stolz erzählt hat, dass ich gesiebten Sand aufs Brötchen gekrümelt und gegessen habe. Aber das Unterfangen bei den Alten klappt nicht mehr so recht, die Kniearthrose, die Wirbelsäule oder sonst was wollen nicht mehr so recht. Kleine Gartenarbeit kann bei leichten Fällen noch die Sandkiste ersetzen!

Schmerzen

„Ein Tag ohne Schmerzen ist wie ein Sonntag mit Sonne“,
sag ich voller Kenntnis heute mit Wonne.
Da schmeckt sogar der Reiß ohne Zucker noch gut;
weil ohne Schmerzen fasst man immer wieder Mut.
Selbst Regen kann noch erfrischend sein.
Ohne Schmerzen – das ist fein.

Schmerzgedanken

Viele Schmerzen quälen dich und‘s Gehirn.
Und erzeugen Gedanken der eigenen Stirn.
Nicht alles grob gedacht ist immer schlecht:
Es sind auch Rosinen mit drunter, in echt.

Schnee und Fußball

Heute schneit's; das könnte Gott lassen.
Ich mag den Winter nicht, ich könnt' ihn fast hassen.
Ich bin alt und liebe die Wärme sehr,
auch Sonnenschein und warmes Meer.

Die Fußballer haben in der Welt verloren
und eben mal keine Ehrung erkoren.
Doch das ist mir wurschtegal.
Ein Spieler kann gewinnen und verliert eben mal!

Schöne, junge Menschen

Nicht nur Redakteuren
gefallen junge Gören.
Da kann man fast drauf schwören,
auch unter Regisseuren
hört man welche röhren.
Doch, doch, doch, nicht nur Redakteuren
gefallen junge Gören.

Doch auch schöne Männer
sind ein Dauerbrenner,
denn die Frauenkenner
sind der große Renner.
Lieber Herzensbrenner als Langweiler und Penner!
Ja, ja, ja,
denn auch schöne Männer
sind ein Dauerbrenner!

Schwimmen lernen

„Meine liebe Rübimaus", erklärte Mama Rübimaus ihrer Tochter, „Papa und ich gehen jetzt kurz mal schwimmen, aber du bleibst hier schön daheim, weil du noch nicht schwimmen kannst."

Die Rübimaus nickte und die Eltern zogen zum Ufer fort.

„Ich wüsste ja sehr gern, wo die wohl jetzt hin krabbeln", ging es ihr durch den Kopf. „Ein kleines Stück gucke ich mal hinterher."

Und so kam es, dass sie immer, immer weiter hinterher lief und bis zum Wasser kam. In null komma nix waren ihre Eltern im Wasser und schwammen über ein kleines Eck auf die andere Seite.

„Was sie da bloß wollen?", ging es ihr im Kopf herum. Aber so kompliziert sah doch das Schwimmen gar nicht aus. „Ich habe den Eindruck, die laufen einfach weiter. So … Huch, ich gehe ja unter. Also muss ich schnell laufen und mit allen vier Füßen, So ..."

Und siehe da, ihr Köpfchen guckte aus dem Wasser heraus und sie konnte atmen. Aber sie strampelte wirklich ganz flott! Aber weil das alles klappte, bekam sie Mut und schwamm einfach Mama und Papa hinterher. Die wollten gar nicht glauben, was sie sahen: Ihre Rübimaus im Wasser!

Und so haben sie sich doch sehr darüber gefreut, dass ihre Tochter schon schwimmen konnte, als geärgert, dass sie nicht daheim geblieben war.

„Was habt ihr denn da drüben gemacht", wollte die Rübimaus noch wissen.

„Wir holen dort immer Gewürze."

Seelenlosigkeit

Nachts simuliere ich zu viel mit den Sternen.
Drum bat ich meinen Arzt, meine Seele zu entfernen.
Doch der sagt nach Prüfung, das könne er nicht,
meine Seele sei zu klein und hat gar kein Gewicht.
Ich solle böse Gedanken einfach vergessen
und lieber vegetarische Schnitzel essen.
Das mach ich nun, mir ist alles wurscht.
Ich ess‘ vegetarisch und trink Fanta bei Durst.
Ihr werdet‘s nicht glauben, seitdem ich seelenlos,
lebe ich wunderbar und famos.
Die Welt kann so böse sein, wie sie kann,
mich geht das einfach nichts mehr an.

Semestertreffen 2018 in Greifswald

Die Zeiten ändern sich, ihr Lieben!
Wir sind nicht mehr so jung geblieben.
Früher umgab uns unser Dunst
mit Chemie, Philosophie und Kunst.

Doch heute hat uns die Praxis im Griff
und wir kreuzen mit unserem Lebensschiff
öfter, als wir wollen, im Sumpf
Und dabei geht's um unseren Rumpf.

Denn unsre Verdauung macht, was sie will.
Mal macht sie zu viel, mal steht sie still.
Ihr kennt das alle, mit Durchfall beginnt's.
Aus allen Ecken und Höhlen rinnt's.

Und irgendwann kommt gar nix mehr.
Das ist nicht lustig und das plagt noch mehr.
Das Schließorgan macht oft, was es will.
Es bleibt aktiv und hält nicht still.

Ich will nun deshalb euer Helfer sein
mit dem Deutschen Inkontinenz-Verein.
Alle Menschen, auch ihr auf Erden,
können darin Mitglied werden.

Das kostet nichts und ist für Dumme,
für Kluge und auch richtig Dumme.
Die schreiben mir, was sie erfahren,
und das noch in ihren alten Jahren.

Sportspiele

Der Sportler spielt, aber nicht um sein Leben.
Er will einen sportlichen Erfolg erstreben.
Er turnt zunächst für sich allein.
Ans Land denkt er nicht, auch nicht an Verein.
Erst später kommt dann mal das Land,
die Gruppe, der Verein zum Verstand.

Und dann vergisst mir bitte nicht,
es ist ein Spiel, ganz einfach und schlicht.
Die Übertreibung muss weg.
Das dient nur Angebern als Zweck.
Und noch etwas wird öfter vergessen.
Ein Spiel dient zwar zum Leistung messen.

Aber trotzdem ist‘s nur ein Spiel.
Und soll viel Freude machen als Ziel.
Ein Spiel kann jeder mal verlieren.
Das ist keine Schande und nix zum Genieren.
Wer heute verliert, kann morgen vielleicht gewinnen.
Dann freuen wir uns und sind nicht von Sinnen.

Sprüche

Fantabrunnen

Ich trinke FANTA ach so gern.
Die ist das Beste für mei Ghern.
Ein Drücker drauf und sie ist dein.
Du wirst schon sehen, die schmeckt fein.

Geld

Wenn ich Geld hab‘, freu ich mich.
Bei Papiergeld lache ich.
Schenkst Du mir ein‘ Pfennig, ärgr‘ich mich.
Dann pass nur auf, erwisch ich dich!

Nach dem Autounfall sagt das Glasauge zum Hörgerät:
„Siehst du den Mist, den unser Träger macht?“
„Nee, wahrscheinlich konnte er mit Glasaugen so schlecht sehen?!“

Vergesslich ist menschlich.

Es irrt der Mensch solang er lebt und morgens seinen Kopf erhebt.

Wissen Sie, was mich glücklich macht?
Schmerz- und sorgenfrei im warmen Bett zu liegen.
Und was macht mich unglücklich?
Ein neuer Zahnarzttermin.

Umständliche Lösungen sind besser als keine oder falsche.

Rosa – Rosine,
das ist Prosa für Latrine.

Das Leben lebt und es macht
Glücksfälle, Zwischenfälle und Unfälle.

Die Vergangenheit hast du gelebt.
Die Gegenwart musst du aktiv beeinflussen. Und in Zukunft
soll alles noch besser werden.

Wer nichts zu sich nimmt, kommt um.

Unregelmäßigkeiten machen das Leben erst interessant.
Lieber Gott, erhalte mir die Unregelmäßigkeiten,
denn die machen das Leben interessant.
Abweichungen sind besser als Langeweile.

Bayern ist gar nicht
so schlimm wie befürchtet.
(Neubürger in Würzburg und ehemaliger Pfälzer)
Es gibt auch nette Bayern.

Wahrheit und Lügen haben ihre Last.
Schon Dichter behaupten wahr zu sein, fast.

Ein Garten nimmt alles auf und verdaut.
Schöne Sprüche und auch das Laub.

Besser gefurzt als geschissen.
So halten länger die Kissen.

Alle Kriege der Geschichte
haben nicht erreicht die Gewichte
und Ziele, die sie hatten im Plane.
Drum lasst sie sein! Fangt gar nicht erst an.

Lasst alle sprechen, wie sie wollen!
Die Sprachforscher auseinander puhlen sollen!
Die Weltsprache ist Englisch, französisch für's Bett.
Und Deutsch für Akademiker, immer adrett.

Wirklich schlau ist die DENIS,
denn die kennt sogar Anis.

HILMI ist ein schlaues Kind,
guckt durch LUPE, ist nicht blind.

Superschlau ist auch JACINE,
denn der kennt schon den DELFIN.

Ganz schlau wird bald der LEON,
weil er guckt ins LEXIKON.

Unser lieber MAX
ist so flink wie'n DACHS.

Sinnenabbau

Hörst du nichts mehr, bist du taub.
Siehst du fast nichts mehr, sieht alles aus wie Staub.
Dann haben Schäden deine Sinnen,
und jetzt wird's schwer, noch Freunde zu gewinnen.
Ich gratulier dir, Kamerad,
wenn du ne Handvoll hast parat.
Einer von denen, der an dich denkt,
lässt spüren, du bist noch nicht abgehängt.

(Nach Anruf vom Freund Ernst Wolf)

Tabaletten

Ich zähl zu den Lieben und den Netten
und esse meine Tabaletten.
Jeden Tag sind‘s ruck-zuck zehn.
Die muss ich immer zu mir nehm‘.

Dann kann ich wieder fröhlich sein
und Blödsinn machen obendrein.

Tabaletten

Mit Tabaletten gehts mir gut.
Ich danke ihnen und habe wieder Mut.
Ich danke ihnen mein langes Leben.
Es kann nichts Besseres für mich geben.

Ihren Namen kann ich mir nicht merken.
Mir macht's mehr Freude im Handwerk zu werkeln.
Von mir aus heißen sie A bis Zett.
Hauptsache, sie helfen mir, dann bin ich immer nett.

Tempo

Alle wollen schneller sein.
Die Leute sind verrückt.
Die gehen vorbei am Sonnenschein
und blicken nicht zurück.

Als wir noch alle langsam waren,
da gab's noch lange Freuden.
Damals, da maß man gern in Jahren.
Heut zählen Minuten bei den Leuten.

Die Schnecke lebt gemütlich und ruhig im Gras.
Warum woll'n wir schnell sein ohne Maß?

Tierfragen, Pflanzenfragen ...

Gibt es Fische ohne Augen in 5000 m Tiefe?
Womit orientiert sich ein Fisch ohne Augen?
Empfinden Bakterien Schmerzen?
Kann sich eine Bakterie freuen?
Haben Schnecken Augen?
Hat unsere Erde ein Bewusstsein, z.B. wenn der Ätna rülpst?
Wie verarbeitet das ein Löwenbewusstsein,
wenn er eine Antilope oder einen Menschen fraß?
Hat gut oder schlecht geschmeckt, das ist alles?
Wie sterben 1000 Heuschrecken? Hunger, Hunger. Tod?
Wenn Vögel Büschen Knospen abbeißen,
tut das den Büschen weh?
Und wenn Menschen Bäume absägen,
tut das den Bäumen weh?
Ich sage Nein.

Trinken

Trinken muss man. Ohne Trinken lebst du nicht mehr lang.

Aber was?

Vor einiger Zeit wurde ich informiert, dass ich eine Leberzirrhose habe. Na toll, woher unbekannt. Ich war ein Gelegenheitstrinker. Mehr nicht. Von Tabletten? 10 bis 20 waren das pro Tag. Keiner sagt dazu was.

Fazit: Ich soll Alkoholreiches weglassen. Gut, mache ich. Aber gehen Sie mal in Winzereien oder Kaufhäuser und erfragen das Angebot von alkoholfreien Weinen! Oh je, entweder haben sie gar keinen oder in einer winzigen Ecke. Preis: 5 Euro, 6 Euro pro Flasche. Als Chemiker weiß ich, warum (Vakuumdestillation). Aber wenn Weine im Tankzug für 1-2 Euro kaufbar sind, sollten sie auch für 3-4 Euro/1 möglich sein. Probieren Sie mal, einen zu kaufen!

Auch der schmeckt gut, und ist so was von gesund! Also muss man was anderes und Billigeres trinken. Das reine Leitungswasser ist mir zu geschmacklos. Ich hatte mich schon vor Jahren auf Fanta festgelegt. Aber nun hat mein Hausarzt die Fanta wegen ihrem Zuckergehalt verboten. Nur Fencheltee allein möchte ich nicht trinken. Ich bin am Überlegen, was ich mache. Noch habe ich keine Lösung ausgespuckt. Erst muss ich mal schlaue Bücher oder Leute interviewen und schmecken, was schmeckt.

Man muss schon was tun, um 100 zu werden.

Wenn ich wirklich 100 werde, hinterlasse ich der Nachwelt meine Trinkgewohnheiten.

Ukraine

Für mich ist Putin ein furchtbares Schwein,
denn er fällt in friedliche Staaten ein.
Er macht sich der Menschentötung schuldig,
die unschuldig waren und geduldig.
Denn Bomben auf Menschen – ein Verbrechen zum Zittern!
Der Mann gehört sofort hinter Gittern.

Umwelt
(Zweitfassung nach Erstfassung von Milla Kurze)

Man muss etwas für die Umwelt tun.
Den Satz hab‘ ich im Kopf. Er lässt mich nicht ruh‘n.
Der Wind streicht Häuser und See.
Die Sonne lacht über Wiesen und Klee.
Insekten lassen‘s sich gut schmecken
und Schnecken müssen für‘n Salat sich nicht mehr strecken.

Die Ziegen freuen sich auf der Heide
und Kinder spielen an der Seite.
Die Großen rennen wild ohne Scheu,
die Kleinen spielen ganz ruhig im Heu.
Die Eltern sind beide für Umweltschutz.
Doch der Nachbar mag keinen Frühlingsputz.

Er fliegt in Urlaub und glaubt sich im Recht.
Doch in Wahrheit dient er dem Chef, in echt.
Da scheint ihm die Sonne direkt ins Gesicht und ihm wird
klar beim Lesen vom Gedicht,
er muss was für die Umwelt tun
und nicht einfach zufrieden ruh‘n.

Er läuft zurück zum dreckigen Strand
und sammelt Müll und Plastik vom Sand.
Ein paar Urlauber sammeln mit
und machen sich für die Umwelt wieder fit.
Er hat gelernt, etwas Gutes zu machen.
Dann können wir gemeinsam drüber lachen.

Unser Leben

Jeder von uns Menschen lebt sein Leben. Und ich habe mich schon oft gefragt, wo kommt das Leben her? Nach der Erdentstehung gab es sicher noch kein Leben auf der Erde. Dazu waren die Temperaturen viel zu hoch. Aber mit der Erdabkühlung entstanden allmählich Meere, in denen irgendwann lebendige Wesen auftauchten. Wer hat sie geschaffen? Sind sie das Produkt eines unglaublichen Zufalls oder hat Gott die ersten Lebewesen geschaffen? Als Naturwissenschaftler aber glaube ich, dass es ein Zufall war, als Christ glaube ich, dass es Gott war.

Aus dem Zufallsprodukt Leben primitiver Art entwickelten sich immer neue Varianten! Zunächst muss das Wasser der häufigste Raum für lebende Tiere gewesen sein. Aber die Vielfalt der Lebewesen blieb nicht aufs Meer eingeschränkt. Manche Tiere konnten auch den Sauerstoff in der Luft zum Leben verwenden, nicht nur den im Wasser gelösten Sauerstoff.

Die meisten Tiere der Meere konnten Schwimmen als Fortbewegungsmittel benutzen. Die Sauerstoffnutzer der Luft entwickelten zur Fortbewegung Beine und Vögel Flügel. Die Erde wurde mit einer Vielfalt ganz unterschiedlicher Lebensformen bevölkert. Die unglaubliche Vielfalt an Tierformen ist auch ein Phänomen, das man gar nicht so leicht begreifen kann.

Aber es fällt einem ja schon auf, dass eine irrsinnige Vielzahl von Tieren ähnliche, gemeinsame Merkmale hat: Kopf mit Steuerorgan Gehirn, Haut, Verdauung, Atmung und Fortpflanzungsorgane! Ein weiterer Schritt der Menschheitsgeschichte ist die Menschwerdung. Zunächst haben irgendwelche Vorläufer von uns bösartige Wesen mit viel Egoismus und Überlebensdrang siegreiche Kämpfe durchgeführt. Und dann sorgte Intelligenz zu kleinen Standortvorteilen. War dieser Lebensvorteil eine zufällige oder planmäßige Abfolge eines göttlichen Plans? Dieses neue Phänomen führte zur Menschwerdung. Wem haben wir das zu danken? War es Gott? Wie konnte er sich das ausdenken? Den Aufwärtsdrang und die Sprache kann ich mir gut erklären. Aber der Klick mit der Intelligenz ist für mich problematisch. Warum wurden wir Menschen so schlau und nicht die Fische oder Vögel?

Es gibt viele ungeklärte Fragen, aber es sei, wie es sei. Der Mensch ist das intelligenteste Wesen auf dieser Erde. Aber leider hat der Mensch auch furchtbare Fehler. Sein Erhaltungstrieb ist nämlich nicht sehr gut entwickelt. Für mich ist es einfach nicht verständlich, dass es Staatsoberhäupter gibt, die ohne Rücksicht auf andere Menschenleben ungestraft eine Sünde nach der anderen begehen und dafür nicht bestraft werden. Obwohl jeder weiß, dass Herr Putin verantwortlich an Tausenden von Toten ist, lassen seine Mitmenschen sein Verhalten zu. Wenn solche Menschen unbehindert alles dürfen, können wir einen Atomkrieg nicht ausschließen, der im ungünstigsten Fall das Ende der Menschheit bedeuten könnte.

Ich will das nicht, denn ich lebe gern. Am besten ohne Putin.

Unser Schicksal

Ihr Mann ist tot, meine Frau ist tot.
Wir essen heute zusammen das Brot.
Es gibt nur Schönes bei uns, keine Hiebe.
Wir erleben einfach eine neue Liebe.

Wir haben das Glück für ein zweites Leben.
Was kann es Schöneres noch geben?
Wir danken dem Schicksal, dass es so uns beschieden
und sind still und glücklich und sehr zufrieden.

Unter Freunden

„Und wie geht's dir so?"

„Sehr abwechslungsreich!"

„Wie meinst du das?"

„Na, ich habe jeden Tag eine andere Krankheit. Mal tun die Zähne weh, mal der Bauch, mal das linke Bein, mal das rechte, mal Husten, mal Kopfschmerzen. Und dann überhaupt das Aufstehen! Das ist jedes Mal mit einer Kraftanstrengung und einem Balancierkunststück verbunden. – Und wie geht's dir?"

„Nix."

„Mein Gott muss das langweilig sein!"

Urknall

Der Mensch ist neugierig und will alles wissen.
Auch den Urknall will er nicht missen.
Er hat in den Weltraum ein Teleskop gebracht,
über das jedes Herz eines Physikers lacht.
„James Webb“ heißt das Ding und macht Bilder famos,
aus 7000 Lichtjahren klar und groß.
Und was ist zu sehen? Den Urknall ‘ner Welt
grad für uns wie bestellt.
Sicher hat‘s bei uns so auch gekracht.
Wir war‘n noch nicht da, sonst hätt‘ mer gelacht.

Vegetarimaus

Eines Tages kam die Rübimaus zu seiner Mama und fragte: „Vegetarismus. Ich habe das Wort gehört und weiß nicht, was es bedeutet?"

Die Mama weiß ganz viele Sachen und konnte es ihr auch gut erklären. „Also, die Vegetarier sind Menschen oder Mäuse, die keine anderen Tiere fressen. So einfach ist das. Sie möchten, dass alle Tiere weiterleben. Ich mache das auch so, aber Papa ist kein Vegetarier. Er isst alles, was er zu fressen kriegt. Er sagt immer: Wer in meinem Bau herumkriecht wird gefressen, egal, ob es Ameisen oder Regenwürmer sind!"

Nun wollte die Rübimaus von der Mama wissen, was sie macht, wenn sie Ameisen im Gang trifft.

„Ich nehme einfach den Besen und kehre sie ins Freie. Die wollen ja auch leben, oder? Schau mal, wir haben so viel zu fressen, da muss ich nicht andere Tiere töten. Das können wir alles fressen: Gemüse, Obst, Nüsse, Getreidekerne, Brot und noch anderes. Auch zu trinken haben wir genug: Wasser, Milch, Kaffee und alle Limonaden."

„Und wo holst du immer die Milch?", wollte die Rübimaus auch noch wissen.

„Bei unserer Tante, die wohnt in der Molkerei. Da wird die ganze Milch gesammelt. Die haben Kuhmilch, Ziegenmilch, laktosefreie Milch und ganz viel Käse. Da gibt es so viel Abfall oder direkt vom Lager, in das unsere Tante auch hereinkommt. So, und willst du auch Vegetarier sein?"

„Ja, ich bin auch ein Veggie!"

Vegetarismus

Ich riskiere hier ein offenes Wort. Wem das nicht gefällt, der mag es überblättern oder nicht lesen. Aber wahr ist es.

Ich bin seit 23 Jahren Vegetarier. Also esse ich keine Tiere mehr, weder Rinder, Schweine oder Hasen noch Fisch und Krebse. Ich lebe gut von der Pflanzenwelt, deren Vielfalt am Markt ja heute riesig ist.

Der typische Normalbürger aber isst diese Tiere alle. Woher nimmt er sich das Recht, dies zu tun? Hat er sich selbst das so ausgedacht? Aber die Tiere möchten auch leben, wie wir. Und ich denke sogar, sie haben das Recht dazu. Diese Gewohnheit, Tiere zu töten und aufzuessen, hat sich der Mensch ausgedacht.

Die Schlachthöfe sind genau genommen Massenmordanstalten. Wir nehmen den Tieren die Freiheit, oft werden sie noch durch schlechte Pflege gequält und dann essen wir sie auf. Ich finde, das ist unmoralisch und grausam.

Aber jeder Mensch kann davon Abstand nehmen und sich an freien oder gut gepflegten Tieren erfreuen. Mir machen viele Tiere große Freude und ich will nicht an ihrem Tod schuld sein. Ob Sie‘s auch mal probieren?

Vier kleine Rätsel

Einmal im Monat kommt etwas,
ist groß und erzählt. Was ist denn das?
(Der Lesepathe)

Einmal im Monat sitzt etwas am Tisch,
hört gerne hin und wundert sich.
Oft sieht es auch noch was.
Nun ratet mal, was ist denn das?
(Die anwesenden Kinder)

Es ist noch nicht alt und hat noch viel Zeit.
Es ist um uns rum, egal, ob es schneit.
Es hat viele Tage, mal trocken, mal nass.
Nun ratet mal, was ist denn das?
(Das Neue Jahr)

Ich kenne etwas, das ist groß und breit.
Dort wird viel gespielt und gelacht jederzeit.
Dort gibt‘s auch ein‘ Garten und zum Spielen viel Sand.
Wie heißt das Haus? Das L..............................
(Das Lummerland)

Werner Kurze, Ludwigshafen, 14.01.2011

40 Jahre TSA[1]

Das Leben ist erst voll im Ganzen,
gehst du zu einem Fest mit Tanzen.
Da siehst du Schlanke, Dicke, Runde,
schicke Kleider und auch bunte.
Nur dort da ist das volle Leben.
Was Schöneres kann es gar nicht geben!
Bei niemand häng'n die Arme runter,
die alten Gelenke werden wieder munter.
Der Mund wird klar und schreit: „Oh, je!
Da bin ich glücklich: Oh jemineh!"
Und deshalb mach'mer alle weiter
und bleiben dann froh und immer heiter.

Herzliche Grüße
Euer Werner Kurze
und Ilse Witte

---

[1] Tanzsport-Abteilung Neuhofen

Vögel

Es gibt solche und auch solche,
nämlich Vögel und auch Molche.
Die Vögel gefallen mir einfach besser.
Sie sehen alles, sind flink und kesser.

Ich flöge gern mal durch die Welt
und würde bleiben, wo es mir gefällt.
Vogelleicht Natur beschauen
das macht Hoffnung und Vertrauen.

Vollmacht

Wenn ein Mensch einem anderen sein volles Vertrauen schenkt, dann kann er das durch Bevollmächtigung dieser Person bewerkstelligen. Der so Bevollmachtete trägt für diese bezüglichen Handlungen die volle Verantwortung.

Wenn der Vollmacht erteilende Bedenken hat, dem soll er lieber keine Bevollmächtigung erteilen.

Wenn jemand eine begrenzte Vollmacht vergeben will, ist das aber auch eine Möglichkeit zum Abbau von bestimmten Informationshürden, z.B. durch Bevollmächtigung über den Krankheitszustand.

Die eingeschränkte Vollmacht muss aber sachlich und schriftlich fixiert sein.

Weihnachtsmärchen vom Zoo

Ja, ihr lieben Kinder, kennt ihr überhaupt schon die Geschichte von der Weihnachtsfeier bei den Tieren? Nein?

Na, dann muss ich sie euch doch gleich erzählen. Das war nämlich an einem Weihnachtsabend, als der Zoo geschlossen war, und alle Menschen, die dort arbeiten, zu ihren Familien nach Hause gegangen waren.

Da kam eine Giraffe auf die Idee: „Wir könnten doch auch Weihnachten feiern, oder?“

Zuerst guckten sich die anderen Giraffen erstaunt an und meinten: „Das haben wir ja noch nie gemacht. Wie soll denn das gehen?“

„Na, ganz einfach“, meinte die Giraffe Langhals. „Wir schenken uns alle etwas, was nichts kostet.“

„Was meinst du denn damit?“, fragten die anderen Giraffen.

„Na, passt auf! Jeder von uns macht immer mal etwas, was die anderen Tiere ärgert oder ihnen Angst macht. Und sein Geschenk soll sein, dass er das mal einen Tag lang nicht macht.“

„Hm, hm“, machten alle. „Ob das geht? Wir können es ja mal probieren! – Ja, und was sollen wir als Giraffen dann als Geschenk machen?"

„Wir haben doch so lange Hälse und können überall reingucken. Einen Tag lang gucken wir nicht überall rein. Wir sagen allen Tieren, was sie nicht machen sollen, erzählen ein bisschen oder fressen eben ein paar Blätter.“

Und so zogen sie los und erklärten allen Tieren, was sie einen Tag lang nicht machen sollten.

Die Löwen sollten nicht so laut „Waoh!“ schreien, weil alle davor Angst hatten. Die Elefanten sollten niemand mit ihren langen Rüsseln voll Wasser spritzen. Die Füchse sollten den anderen Tieren nicht das Fressen wegnehmen. Die Elstern, das sind die schwarz-weißen Vögel, die sollten auch nichts stehlen, und wenn es noch so schön glitzert. Die Schafe sollten den Ziegen nicht die Möhren wegfressen und der Uhu sollte nicht so ernst gucken.

Als es in der Stadt Weihnachten wurde, hörten die Tiere, wie die Glocken in den Kirchen läuteten. Da kamen sie alle zusammen und kein Tier war böse zu den anderen. Alle waren ganz lieb.

Die Löwen brüllten nicht, sie knurrten noch nicht einmal. Die Elefanten legten sich gemütlich hin, ohne mit Wasser zu spritzen. Die Füchse lagen ruhig am Busch und die Elstern saßen gemütlich auf einem Zweig. Die Schafe sagten nur leise „mäh“ und ließen die Ziegen in Ruhe. Sogar der Uhu probierte ein bisschen zu lachen.

So haben sie die ganze Nacht lang Weihnachten gefeiert und sich gefreut.

Die Sache mit dem Christuskind war ihnen zu kompliziert. Das verstanden sie nicht. Aber mal einen Tag lieb zu den anderen zu sein, das hat allen richtig gefallen. Ich glaube, in einem Jahr, wenn es wieder Weihnachten wird, werden sie es wieder machen.

Und wisst ihr was? Ihr könntet das auch mal einen Tag probieren.

Weltraumkörper

Wir alle haben unsere Sorgen. Mal kleine, mal große. Zu den ganz persönlichen Sorgen kommen große, wie der völlig unsinnige und unnötige Krieg in der Ukraine.

Aber was sich bei mir durch den Kopf windet, ist eine noch viel größere Sorge: Könnte ein Weltraumkörper sich auf die Erde zubewegen und sie treffen?

Zugegeben, wenn man an die letzten 100 Jahre denkt, erfolgte kein Zusammenstoß. Aber auszuschließen ist er auch nicht.

Wie ist eigentlich unser Mond entstanden? Die heutigen Wissenschaftler meinen, dass die Erde zuerst allein existierte und wahrscheinlich von einem Weltraumkörper in der Größe des Mars getroffen wurde.

Bei der Kollision entstand der Mond, der uns umkreist. Damals gab es aber sicher noch keine Menschen auf der Erde. Wenn uns aber heute so ein Brocken erreichen würde? Wir hätten wohl keine Chance dem Auftreffen etwas entgegenzusetzen. Ein solcher Schaden könnte ein paar Millionen Menschen treffen vom unvergleichbaren Sachschaden mal abgesehen. Und ob der Tag dann noch 24 Stunden dauert, weiß heute auch keiner. Und ob wir dann überhaupt noch weiterleben können, wäre auch noch unklar.

Aber das sind nur versponnene Gedanken. Deshalb Schluss damit! Aber ganz ausschließen können wir sie nicht!

Werner und ich

Ich bin der Werner, aber wenn ich im Bett liege, liegen da zwei: Dr. Werner und ich.
Ich denke nach und Werner liegt ruhig da.
Wenn ich Schlaf suche, liegt auch der Werner schön ruhig.
Nur wenn ich aufstehe oder meine Partnerin sagt etwas, sind wir wieder eins.
Haben Sie auch manchmal solche Empfindungen?
Mensch, vielleicht ist das mit der Seele auch so. Der leibliche Körper bleibt uns erhalten und geistige Seele fliegt ab und zu davon.
Schauen wir mal.

Witze

Maskenträger 1 (MTl) erzählt MT2einen Witz.
Der lacht aber nicht, weil er ihn nicht verstanden hat.
Darauf MTl ganz laut: „Hallo!“
Darauf antworten 11 andere MT:
„Du meinst sicher Hallo?“

„Gib mir mal 5€“'
„Und?“
„Ich kann auch nicht wechseln.“
„ Und worin besteht der Witz?“
„Im Besitz der 5€.“

Wumm!

Ich bekam wieder eine Spritze ins Auge,
worauf ich einen Tag lang nix tauge.

Es ist zwar alles betäubt, doch es tut weh.
Und wegen der Salbe drin, ich nix seh.

Das Rechte wird schlecht, doch das Linke besser.
Mein Blick wird schärfer und immer kesser.

Wenn ich am Ende wieder lesen kann,
dann war es was wert, mein lieber Mann.

Wunder

Was ist ein Wunder?
Nicht Zauber oder Plunder.
Wunder sind Realität
von besonderer Qualität,
die wir nicht verstehen
und mit Unverstand ansehen.

Die Wunder existieren,
nicht nur im Geist und auf Papieren.
Wir sind menschlich dumm und denken falsch herum.
Das muss man ändern, sonst nix!
Und dann versteht man fix.

Würzburg

Würzburg ist die Stadt der grauen Mauern. Wohin man auch läuft, überall sind graue Mauern, Gartenumrandungen oder große Gebäude zu sehen – alle mit grauen Mauern.

Vielleicht hat das einen historischen Grund?

Nehmen wir mal an, dass in grauer Vorzeit der Kleinstadt Würzburg ein Bürgermeister vom Tod des damals reichen Steinmetzes erfuhr, der eine riesige Menge grauer Steine hinterließ, und er sollte über dessen Nachlass entscheiden. Und dann nehmen wir mal an, dass der Bürgermeister folgenden Befehl erteilte: „Jeder Bürger kann bis zum morgigen Abend so viele Steine kostenlos übernehmen, wie er will.“ Und im Nu hatte jeder Bürger einen Haufen grauer Steine vorm Haus. Alle fingen an, ein Haus zu bauen. Und die späteren Erfinder der Betonsteine konnten gar nicht schnell genug auch graue Steine produzieren. So entstand die Stadt mit den vielen grauen Mauern.

Und ein ganz toller Nebeneffekt entstand auch in Würzburg: Grau gefiel allen und grau wurde die beliebteste Farbe.

Heute war ich in einem Möbelkaufhaus und was sah ich?

Eine unglaublich große Anzahl an Couchen in hellgrau, grau, dunkelgrau und schwarz. Kaum eine Couch in anderer Farbe. Grau ist in, nicht nur bei Mauern.

Zahlen

Eins, zwei, drei, vier,
dann sind alle hier.
Die anderen Zahlen brauchen wir nicht.
Die ha‘m für mich drum kein Gewicht.
Vielleicht die Fünf noch und die Sechs.
Die braucht der Kaspar und die Hex.
Wenn mehr als vier da sind, sag ich „Viele!“
Und das reicht auch für meine Ziele.
Sieb‘n, acht, neun, zehn kannst du vergessen.
Die braucht man nicht nach meinem Ermessen.

Zahnweh

Hast du Zahnweh, hast du Schmerzen,
und dir ist nicht mehr zum Scherzen.

Da hilft nur ein Loch sodann,
dass der Schmerz entweichen kann.

Der fliegt flugs ins Wartezimmer
und findet neue Patienten immer.

„Hoppla“, sagt einer, „und ach, herrjeh!
Jetzt tut der Freckling wieder weh!“

Freundliche Grüße heute und ferner
ohne ein Zahnweh von Kurzes Werner.

Zecken

Wer mein Blut trinkt,
in meiner Achtung sinkt.
Zwar ist die Leistung toll
und erzeugt Achtung voll.
Auf mich warten Zecken
an vielen buschigen Ecken.

Zeckentod

Ich weiß nicht wie's kam, einst war ich eine Zecke
und saß grad unter einer Hecke.
Mein Gehirn war klein wie'n schwarzer Klecks
und kannte nur Zahlen von eins bis sechs.

Mir war so zumute, ich müsse nach oben.
Das war der Gedanke im Kopfe droben.
Ich wartete und wartete tagelang.
Es kam aber kein Mensch oder Reh entlang.

Und als der Regen ausfiel hatte ich viel Durst,
da war mir das gute Leben nur Wurst.
Ich kam im Nu in Lebensnot
und fiel vom Blatt herunter und mausetod,

Ich will nie wieder ne Zecke sein.
Und wenn's geht, bissel größer und nicht so klein.

Zum 60. Geburtstag von Werner Kurze mit Anleihen von Wolfgang von Goethe

Ihr naht Euch wieder, schwankende Gestalten,
die früh sich einst dem trüben Blick gezeigt.
Versuch ich wohl, Euch diesmal festzuhalten?
Fühl ich mein Herz noch diesem Wahn geneigt?

Ihr bringt mit Euch die Bilder froher Tage
und manch liebe Schatten steigen auf.
Ich seh Euch sitzen, das ist nicht die Frage.
So nimm denn Geburtstag, du Sechzigster, deinen Lauf.

Habe nun, ach! Philosophie, Zoologie und Medizin
und leider auch Chemie durchaus studiert,
mit heißem Bemüh‘n.
Da steh ich nun, ich armer Tor!
Und bin so klug als wie zuvor.
Heiße Diplomchemiker und Doktor gar,
und ziehe schon 35 Jahr herauf,
herab und quer und krumm,
die Moleküle an der Nase herum
und sehe, dass wir nichts wissen können!
Das will mir schier das Herz verbrennen.
Zwar bin ich gescheiter als alle die Laffen.
Doktoren, Meister, Ärzte und Piaffen.
Sprech viele Sprachen, ach Gott herrjeh:
Quand vous voulez, nous parlons en francais.

If you like it, then we talk english too
un ach pälzisch, do kriegscht de Klapp nimmeh zu.
Bir, iki, üc, das ist Türkisch, für mich kein Problem.
Noch besser geht Spanisch, da könnt ihr mal seh‘n.
Per italiano e bello! Das wär doch gelacht.

Un of sächssch hawich 30% meines Läms verbracht.

Im Leben hatte ich öfter Glück:
Ich traf die Thea, mein bestes Stück.
Ich musste nie zum Militär,
ganz ohne Tricks, ganz regulär.
Zwei Kinder durften wir begleiten
ins Leben und den Weg bereiten.
Und Opa bin ich schließlich auch;
das ist halt so des Lebens Brauch.

Öfter reißts mich noch vom Teppich
und dann tauch ich oder stepp ich.
Ab und zu geht's auch aufs Ganze,
etwa bei nem flotten Tanze.
Sport und Reisen machen fit.
Für Ehen ist das Lebenskitt!

Ich ende meine kurze Rede.
Es lebe diese schöne Fete!
Bleibt gesund und immer munter!
Bleibt obendrauf und nicht darunter.
Macht Euch das Leben nicht zur Qual.
Ich sag mit Klaus: „s'is scheißegal!"
Lasst die Korke äfach knalle!
Hauptsache is', 's hat alle gfalle!
Dies wünscht Euch all'n

der gute Werner

Danksagung

Ohne meine Lebenskameradin Ilse Witte
würde dies Buch nicht existieren.
Ihr gilt mein voller Dank für ihre Schreibarbeit.